Arne Astrup | Jennie Brand-Miller
Christian Bitz | Anette Buyken

NORDISCH abnehmen

Arne Astrup | Jennie Brand-Miller | Christian Bitz | Anette Buyken

NORDISCH abnehmen

Mit über 60 skandinavischen Rezepten, die das Diabetesrisiko senken und Entzündungen entgegenwirken

riva

Basierend auf der weltweit größten Ernährungsstudie DiOGenes

Bibliografische Information der Deutschen Nationalbibliothek
Die Deutsche Nationalbibliothek verzeichnet diese Publikation in der Deutschen Nationalbibliografie. Detaillierte bibliografische Daten sind im Internet über http://d-nb.de abrufbar.

Für Fragen und Anregungen
info@m-vg.de

Wichtiger Hinweis
Dieses Buch ist für Lernzwecke gedacht. Es stellt keinen Ersatz für eine individuelle medizinische Beratung dar und sollte auch nicht als solcher benutzt werden. Wenn Sie medizinischen Rat einholen wollen, konsultieren Sie bitte einen qualifizierten Arzt. Der Verlag und der Autor haften für keine nachteiligen Auswirkungen, die in einem direkten oder indirekten Zusammenhang mit den Informationen stehen, die in diesem Buch enthalten sind.

2. Auflage 2024

Türkenstraße 89
80799 München
Tel.: 089 651285-0

Umschlaggestaltung: Laura Osswald
Umschlagabbildung: Line Thit Klein
Layout: Jan Derevjanik
Übersetzung: Martina Walter
Satz und Redaktion: Alina Seitz-Götz, bookwise GmbH, München
Druck: Florjancic Tisk d.o.o., Slowenien
Printed in the EU

ISBN Print 978-3-7423-0851-1
ISBN E-Book (PDF) 978-3-7453-0491-6
ISBN E-Book (EPUB, Mobi) 978-3-7453-0492-3

Wir produzieren nachhaltig
www.m-vg.de

Inhalt

EINLEITUNG

Es ist *keine* Reduktionsdiät!

IM MAI 2016 VERÖFFENTLICHTE DIE *NEW YORK TIMES* EINE TITELSTORY, IN DER EINE entmutigende Binsenweisheit bestätigt wurde, und Millionen Menschen, die eine Reduktionsdiät einhalten, kennen sie: Es ist leicht, Gewicht zu verlieren, aber schwer, das neue Gewicht zu halten. Es ist sogar so schwer, dass selbst Menschen, die erfolgreich bis zu 50 Kilogramm oder noch mehr abgenommen haben, ihr neues Gewicht nur unter sträflichen, nahezu unerträglichen Entbehrungen halten konnten. Viele Leser schlussfolgerten daraufhin, dass langfristiges Abnehmen einfach unerreichbar ist und unser Körper im Gegenteil darauf programmiert ist zuzunehmen – entweder langsam, als Folge des Alterns, oder schneller, als Reaktion auf erhebliche Kalorienbeschränkungen.

Zahlreiche Amerikaner (und auch Europäer) kämpfen täglich einen oft vergeblich scheinenden Kampf um ein normales Körpergewicht und gegen die schwächenden, lebensstilbedingten Erkrankungen, die eine typisch westliche, von Convenience-Produkten geprägte Ernährung verursachen kann. Tun Sie das auch? Dann ist dieser Ernährungsplan (wir nennen ihn nicht „Reduktionsdiät", obwohl er Ihnen helfen wird, ein paar Kilogramm zu verlieren) wie für Sie gemacht. Vielleicht versuchen Sie, Ihren Blutdruck ohne Medikamente in den Griff zu bekommen, oder wollen sich vor Entzündungen schützen. Eventuell hat Sie sogar der Arzt gewarnt, dass Sie an Prädiabetes leiden und ohne Gewichtsreduktion Typ-2-Diabetes entwickeln könnten. Oder Sie wollen nur Ihre Lebensqualität verbessern, indem Sie sich fitter, schlanker und weniger belastet fühlen. In jedem dieser Fälle werden Sie feststellen, dass die traditionelle Ernährungsweise Skandinaviens – die mittlerweile wissenschaftlich bewiesen als eine der gesündesten Ernährungsformen gilt – Ihnen helfen wird, Ihre Ziele zu erreichen. Sie müssen sich dafür weder einschränken, ganze Lebensmittelkategorien streichen noch Kalorien zählen. Das liegt daran, dass die nordische Ernährungsweise keine Reduktionsdiät ist, sondern vielmehr ein altbewährtes und gleichzeitig modernes Ernährungskonzept, das Langlebigkeit und Gesundheit fördert, allmählich aber nachhaltig Ihr Gewicht reduziert und altersbedingtes, schleichendes Zunehmen verhindert.

Essen, wie es die meisten skandinavischen Völker seit Generationen tun, liefert dies automatisch und ist dazu ein fast müheloser Weg, das Körpergewicht unter Kontrolle zu bringen. Der Schwerpunkt liegt auf Lebensmitteln mit hoher Nährstoffdichte wie unverarbeitetem Vollkorngetreide, ballaststoffreichem Gemüse (z. B. Kohl), fettem Fisch, der Omega-3-Fettsäuren enthält, und eiweißreichen Milchprodukten. Mittlerweile wissen Sie wahrscheinlich, dass Abnehmen nicht das Problem ist – ein paar Kilogramm schafft man mit jeder der aktuellen Extremdiäten. Das Wunschgewicht zu halten ist die wahre Herausforderung. Wenn Sie zu den vielen Menschen zählen, die mit großen Erwartungen eine Reduktionsdiät begannen, dabei tatsächlich Gewicht verloren, aber alles (oder sogar etwas mehr) wieder zulegten, sind Sie vielleicht davon überzeugt, dass langfristiges Abnehmen unmöglich ist. Wir drei, alle ausgebildete Wissenschaftler und Ernährungsexperten, *wissen* jedoch, dass es geht. Warum das so ist, erfahren Sie jetzt.

Die weltweit größte Ernährungsstudie „DiOGenes", die von der EU-Kommission mit rund 14,5 Millionen Euro gefördert wurde, lieferte uns endlich die Erklärung, warum die nordische Ernährungsweise so entscheidend für eine optimale Gesundheit ist und wie man mit dieser ein gesundes Körpergewicht halten, Entzündungen im Körper sowie das Diabetesrisiko senken kann, ohne auch nur an Kalorien zu *denken* … Die Studie ist die Basis dieses Buchs. Ihre Ergebnisse sind so überzeugend, dass wir die nordische Ernährungsweise zu Recht als *effektivsten* Ernährungsplan bezeichnen, um Entzündungen in den Griff zu bekommen und eine Gewichtszunahme lebenslang zu verhindern.

Das Schöne am DiOGenes-Konzept ist, dass man keine Kalorien zählen und reduzieren muss. Diesen Ansatz einer Reduktionsdiät kennen Sie ja bereits, und er funktioniert nur, solange man ihn motiviert durchhält. Wir werden Ihnen jedoch zeigen, wie Sie ohne Kalorienzählen abnehmen können und wie Sie eine erneute Gewichtszunahme vermeiden sowie viele andere Gesundheits- und Wohlfühlvorteile gewinnen können. Außerdem wird Ihnen unser Konzept auch helfen, der schleichenden Gewichtszunahme vorzubeugen, die im Alter bereits als normal gilt. Die Unvermeidbarkeit dieses Phänomens ist bereits so etabliert, dass dies unmöglich zu sein scheint. Sie werden jedoch bald feststellen, dass

Sie diese unerwünschten Pfunde mit den klaren Prinzipien unserer Ernährungsweise leicht im Zaum halten können. Die nordische Ernährungsweise ist eine einfache Methode, mit der Sie Mahlzeiten so zusammenstellen, dass Sie Ihr Essen genießen können, ohne Kalorien zählen zu müssen – mit wissenschaftlich dokumentierter Wirkung auf Gesundheit und Körpergewicht.

Darüber hinaus basiert die nordische Ernährungsweise mit nur kleinen Abwandlungen auf gewöhnlichen Lebensmitteln aus dem Supermarkt. Wir locken Sie mit Gerichten, die so schmackhaft sind, dass die ganze Familie gern mitmachen wird. Und wir versprechen Ihnen, dass Sie auf Ihre neuen, gesünderen Ernährungsgewohnheiten nicht mehr verzichten wollen. Sie werden schon bald selbstverständlich für Sie sein – und der Rest der Welt wird davon praktisch nichts mitbekommen. Unsere Methode, die wir aus den Ergebnissen der weltweit größten Ernährungsstudie entwickelten, basiert auf einer mäßig hohen Portion Eiweiß, die Sie in einem bestimmten Verhältnis mit Kohlenhydraten, die einen niedrigen glykämischen Index (GI) haben, kombinieren. Kalorienzählen wird so unnötig. In den ersten Kapiteln erklären wir Ihnen genau, wie leicht sich dies für Familienmahlzeiten umsetzen lässt. Sie müssen lediglich in der richtigen Balance schmackhafte Lebensmittel essen, die Sie und Ihre ganze Familie gesünder machen und die gleichzeitig eine Gewichtszunahme, auch nach Reduktionsdiäten, verhindern.

Um anzufangen, müssen Sie einfach bereit sein, gute Lebensmittel zu essen! Wir beschreiben die einfachen Prinzipien der nordischen Ernährungsweise und zeigen Ihnen köstliche Rezepte, die Sie anfangs im Rahmen unserer Mahlzeitenpläne genießen können. Später nutzen Sie diese Prinzipien und Rezepte, um Ihre Lieblingsgerichte durch die Auswahl gesunder Zutaten zu ergänzen. Wir kennen Tausende Menschen, die diese kleinen Anpassungen erfolgreich zur dauerhaft veränderten Lebensweise machten, und wir sind zuversichtlich, dass Sie ebenfalls die gleichen Ergebnisse erzielen werden.

Sie werden unsere Richtlinien nie als Verzicht empfinden, im Gegenteil: Die nordische Küche, auf der unser Programm basiert, ist so altbewährt wie aktuell. Wegen ihrer echten Aromen und Unkompliziertheit hat sie mittlerweile viele Anhänger gefunden. Nicht zufällig wurde das Restaurant Noma in Kopenhagen schon zum vierten Mal zum weltbesten Restaurant gekürt.

Angesichts dieser unglaublich köstlichen und einfachen internationalen Küche und mit dem Versprechen, dass Sie nie mehr ein Kilogramm zunehmen müssen, werden auch Sie bald davon überzeugt sein, dass die nordische Ernährungsweise die einzig *wahre* Art zu essen ist … und das lebenslang.

TEIL 1

DIE WISSEN-SCHAFT HINTER DER NORDISCHEN ERNÄHRUNGS-WEISE

DIE NORDISCHE ERNÄHRUNGSWEISE WURZELT IN DER GESCHICHTE SKANDINAVIENS und basiert auf den traditionellen Lebensmitteln. Allerdings waren gleich drei in Ernährungswissenschaften und Physiologie ausgebildete Personen nötig, um diese Ernährungsweise mit den neuesten Erkenntnissen in der Gewichtskontrolle zu verknüpfen und einen einfachen sowie ansprechenden Mahlzeitenplan zu kreieren, der das Körpergewicht wirkungsvoll positiv beeinflusst. Diese Kooperation ergab sich überraschenderweise durch einen Konflikt und nicht durch ein Zusammentreffen gleichgesinnter Wissenschaftler.

Tatsächlich ähnelte das Ganze anfangs eher Friedensverhandlungen. Ein paar Hintergrundinformationen hierzu: Jennie ist eine führende Wissenschaftlerin im Forschungsbereich „Glykämischer Index (GI) von Lebensmitteln". Sie erzielte einige bahnbrechende Erkenntnisse bezüglich der Wichtigkeit des GI für die Stabilisierung des Blutzuckerspiegels und für die Förderung von Gewichtskontrolle und Wohlbefinden. Hierzu veröffentlichte sie mehrere wissenschaftliche Aufsätze sowie Bücher, die weltweit Bestseller wurden. Arne hingegen war ein lautstarker Gegner dieses Konzepts. Es schien ihm zu kompliziert für die tägliche Ernährungspraxis, sowohl für Laien als auch für Mediziner. Noch wichtiger: Er glaubte nicht, dass eine GI-Senkung eine wirksame Methode zur besseren Gewichtsreduktion ist. Sein Forschungsteam in Kopenhagen hatte eine kleine Studie durchgeführt, in der festgestellt wurde, dass eine zehnwöchige Reduzierung des Gesamt-GI im Essen Körpergewicht oder Körperfett nicht wirklich senkte. Diese Studie veröffentlichte er im *American Journal of Clinical Nutrition* und machte damit die Diskussion um den glykämischen Index auf internationaler Ebene öffentlich. Jennie schrieb einen relativ spitzen „Leserbrief", in dem sie bemängelte, dass in der Studie viel zu wenig übergewichtige Probanden beobachtet wurden, um statistische Relevanz zu haben. Ihr Schreiben wurde veröffentlicht, und Adipositas-Forscher weltweit spalteten sich in zwei Lager: solche, die den glykämischen Index als wichtiges Werkzeug im Kampf um Gewichtskontrolle ansahen, und solche, die ihn als nutzlos abtaten.

Um den Disput ein für alle Mal zu klären, startete Arne die bislang umfangreichste Studie zum glykämischen Index. Mit 14,5 Millionen Euro Fördermitteln aus dem Forschungsprogramm der EU-Kommission wurden dabei über mehr als sechs Monate übergewichtige Erwachsene und Kinder beobachtet. Dies ermöglichte es, Daten mit ausreichend statistischem Gewicht anzusammeln, um die These der nicht vorhandenen GI-Wirkung zu untermauern. Die DiOGenes-Studie (kurz für: Diet, Obesity and Genes; Ernährung, Fettleibigkeit und Gene) wurde in acht europäischen Forschungszentren durchgeführt und gibt die Ergebnisse von über tausend teilnehmenden Kindern und Erwachsenen wieder.

Fünf Jahre lang arbeiteten über 45 Wissenschaftler ununterbrochen an der Auswertung. Zu Arnes Überraschung unterstützten die Foschungsergebnisse seine Theorie jedoch nicht. Im Gegenteil: Sie zeigten unbestreitbar, dass bereits eine geringe Reduktion des GI einiger Hauptnahrungsmittel in Kombination mit einer moderaten Steigerung des Eiweißverzehrs ausreicht, um die Gewichtszunahme komplett zu hemmen. Angesichts dieses überzeugenden Nachweises hielt es Arne für an der Zeit, das Konzept des glykämischen Index als wertvolles Werkzeug zur Gewichtskontrolle anzuerkennen.

Mit der Veröffentlichung der Studie im *New England Journal of Medicine* verkündete Arne seinen Sinneswandel. Das ging sogar so weit, dass er gemeinsam mit Jennie die Neuigkeit des GI-Konzepts als Methode im Kampf gegen Gewichtszunahme verbreiten wollte, Arne von Kopenhagen aus, und Jennie von ihrer australischen Heimat Sydney.

Die neuen Daten waren äußerst ermutigend, versprachen sie doch einen wissenschaftlich fundierten Weg in ein gesünderes, schlankeres Leben. Aber wie sollte man die Brücke zwischen Labor und Küchentisch schlagen? Damit diese Ernährungsrichtlinien auch außerhalb des klinischen Umfelds funktionierten, musste man sie in einen Plan umsetzen, der einfach zu befolgen war, und auch flexibel genug, um ihn lebenslang einhalten zu können. Außerdem sollten die Gerichte so köstlich schmecken, dass sie selbst Menschen, die ihr Vergnügen am Essen nicht opfern wollen, dazu inspirieren, ihre Lebensweise für die Gesundheit dauerhaft umzustellen. Keine leichte Aufgabe.

Dies brachte den Dritten im Bunde ins Spiel, Christian Bitz. Er war damals ein vielversprechender Student der Ernährungsforschung an der Fakultät Ernährung, Bewegung und Sport der Universität Kopenhagen, dem größten derartigen Institut in Europa. Arne betreute als Professor und Fakultätsleiter Christians Masterarbeit. Anstatt seine Promotion anzuschließen, entschied sich Christian danach jedoch für eine Fernsehkarriere. Heute ist er einer der führenden Gesundheitsberater Dänemarks und wurde an zwei großen Kopenhagener Kliniken Forschungsleiter für klinische Ernährung. Christian und Arne veröffentlichten gemeinsam ein Buch auf Dänisch über die DiOGenes-Studie und Mahlzeitenpläne. Mit über 250000 verkauften Exemplaren bei 5,5 Millionen Einwohnern wurde es in Dänemark zum Bestseller. Ein Großteil davon bildet die Grundlage des vorliegenden Werks. Seither arbeiten Christian, Arne und Jennie eng zusammen, um den Nachweis zu erbringen, dass der Schlüssel zu Gewichtsabnahme und einem dauerhaft reduzierten Körpergewicht in der Einschränkung von Kohlenhydraten mit hohem GI liegt, nicht in der Kalorienreduktion. Das Ergebnis ist ein völlig neuer Weg, Pfunde zu verlieren und, genauso wichtig, das neue Gewicht zu halten, egal, ob man vorher deutlich abgenommen hat oder ob man nur die allmähliche Gewichtszunahme verhindern möchte, die sich scheinbar an uns alle im Laufe der Zeit heranschleicht.

Da es in diesem Buch vor allem um diese beiden Themen geht, erzielen Sie die besten Ergebnisse, wenn Sie beim Start dieses Konzepts nur wenige Kilogramm von Ihrem Wunschgewicht entfernt sind. Die nordische Ernährungsweise ist nicht auf schnellen Gewichtsverlust ausgelegt (auf Seite 15 erklären wir Ihnen, wie Sie unserer Meinung nach sehr effektiv zu Ihrem Wunschgewicht kommen können). Sobald Sie da sind, wo Sie sein wollen – oder wenn Sie bereits dort angelangt sind –, hilft Ihnen unser Programm, dort zu bleiben, ohne dass Sie das Gefühl haben, Ihr Leben sei zur ständigen Reduktionsdiät geworden. Gleichzeitig gewinnen Sie viele Gesundheitsvorteile, die Ihren Stoffwechsel optimieren. Es werden Entzündungen verhindert, und das Risiko für Typ-2-Diabetes, Herzerkrankungen, Demenz sowie Krebs wird minimiert.

DIE WELTWEIT GRÖSSTE ERNÄHRUNGSSTUDIE

Dänemark ist ein kleines Land mit nur 5,5 Millionen Einwohnern, seine Hauptstadt Kopenhagen ist nur ein Drittel so groß wie New York. Dennoch ist die Universität von Kopenhagen eines der führenden Zentren für Ernährungsforschung und der Mittelpunkt von Arnes Studien zur Wirkung von Lebensmitteln und Getränken auf Gesundheit und Gewichtskontrolle.

Die DiOGenes-Studie ist die größte Untersuchung ihrer Art und wurde in acht europäischen Ländern durchgeführt. Das Gesamtbudget belief sich auf mehr als 14,5 Millionen Euro, einschließlich der EU-Unterstützung. Die ersten und wichtigsten Ergebnisse wurden im November 2010 in den renommierten medizinischen Fachzeitschriften *New England Journal of Medicine*, *Circulation* und *Pediatrics* veröffentlicht.

In der Studie wurden die offiziellen europäischen Ernährungsempfehlungen mit einer Ernährung nach dem neuesten Wissensstand in europäischen Familien verglichen. Es nahmen 938 übergewichtige Erwachsene und 827 Kinder teil.

Neun Länder, in denen die nordische Ernährungsweise erwiesenermaßen eine erneute Gewichtszunahme verhinderte:

Dänemark, Großbritannien, Niederlande, Spanien, Griechenland, Bulgarien, Deutschland, Australien und Tschechien

DIE DIOGENES-STUDIE

Wir erprobten vier neue Ernährungsmuster mit unterschiedlichem Eiweißgehalt sowie verschiedenen Kohlenhydrattypen und verglichen sie mit konventionellen nationalen Empfehlungen, um das effektivste Muster zu finden. Wir wussten bereits, dass Eiweiß besser sättigt als Kohlenhydrate und Fette, vor allem wegen des stärkeren Effekts auf die Sättigungshormone GLP-1 und PYY. Beide schüttet der untere Dünndarmbereich aus, wenn Eiweiß- und, in gewissem Ausmaß, Fettfragmente dort eintreffen. Zwei Diäten hatten einen hohen Eiweißanteil, zwei einen durchschnittlichen. Zwei enthielten Kohlenhydrate mit niedrigem glykämischem Index, zwei mit hohem. Der Begriff *glykämischer Index* (GI), den Sie vielleicht schon kennen, beschreibt die Auswirkung von Kohlenhydraten auf den Blutzucker. Lebensmittel mit niedrigem glykämischem Index lassen ihn langsamer ansteigen als solche mit hohem.

Die Erwachsenen in der Studie befolgten bereits seit acht Wochen eine Reduktionsdiät mit Mahlzeitenersatz, um vor Beginn unserer Untersuchung mindestens 8 Prozent ihres Körpergewichts zu verlieren. Der *Fokus* der Studie lag nämlich darauf herauszufinden, *wie nach einer Gewichtsreduktion das neue Gewicht dauerhaft gehalten werden kann.* Wir stellten später jedoch fest, dass unser Ernährungsplan ebenfalls eine vollwertige Reduktionsmethode ist, mit einem allmählichen Verlust von 0,9 bis 1,8 Kilogramm pro Woche. Gleichzeitig schützt er effektiv vor dem Zunehmen, das oft beim Älterwerden auftritt.

Nach der Gewichtsabnahme wurden die Teilnehmer nach dem Zufallsprinzip in fünf Diättypgruppen eingeteilt (siehe Kasten auf Seite 16). Insgesamt schlossen 548 Teilnehmer die sechsmonatige Diätphase ab, mit bemerkenswertem Ergebnis: In der Gruppe, die Lebensmittel mit hohem Eiweißanteil und niedrigem GI zu sich nahm, gab es im Vergleich zu der Gruppe, die wenig Eiweiß und Lebensmittel mit hohem GI zu sich nahm, zur Programmhalbzeit 30 Prozent weniger Abbrecher. Die erste Gruppe schnitt auch am besten ab – und verlor in den folgenden sechs

DIE FÜNF DIÄTTYPEN DER DIOGENES-STUDIE

MITTLERE EIWEISSMENGE / HOHER GI: Diät mit wenig Eiweiß (13 Prozent der Kalorien) und hohem GI

MITTLERE EIWEISSMENGE / NIEDRIGER GI: Diät mit wenig Eiweiß und niedrigem GI

VIEL EIWEISS / HOHER GI: Diät mit hohem Eiweißanteil und hohem GI

VIEL EIWEISS / NIEDRIGER GI (*DIE WELTBESTE ERNÄHRUNGSWEISE*): Diät mit hohem Eiweißanteil (25 Prozent der Kalorien) und niedrigem GI

KONTROLLGRUPPE: Diät, die den gängigen Ernährungsempfehlungen folgt, ohne spezielle Vorgaben zu GI-Wert oder Eiweißgehalt

Monaten *ohne Vorsatz* noch weitere 500 Gramm, anstatt wieder zuzunehmen! Bemerkenswert war, dass die Teilnehmer der ersten Gruppe, die der Empfehlung „viel Eiweiß/niedriger GI" folgten, immer satt und zufrieden waren, obwohl sie gerade 9 Kilogramm abgenommen hatten. Im Vergleich dazu nahm die Gruppe, die den Standard-Ernährungsempfehlungen folgte, knapp 2 Kilogramm wieder zu, und viele gaben deswegen auf.

Glücklicherweise konnten wir unsere Teilnehmer weiter begleiten und dabei beobachten, dass die Ergebnisse immer besser wurden. Die Esser der Gruppe mit viel Eiweiß/niedrigem GI hielten ihr Gewicht weiter und hatten im Vergleich zur Kontrollgruppe nach 12 Monaten 9 Kilogramm mehr abgenommen. Selten sind wissenschaftliche Ergebnisse so eindeutig. Sie zeigen, dass der Schlüssel zum dauerhaften Gewichtsverlust in einer eiweißreichen Ernährung liegt, mit magerem Fleisch, Milchprodukten, Linsen sowie Bohnen und nur wenig Getreideprodukten mit hohem GI. So kann man ohne Kalorienzählen essen, bis man satt ist, und die Mahlzeiten genießen. Hört sich das nicht gut an?

Im Laufe der Zeit bewiesen die Ergebnisse der Studie, wie wichtig dieses Ernährungsprofil ist – nicht nur für Erwachsene, sondern auch für Kinder. In Familien, in denen die Eltern zur Gruppe mit viel Eiweiß/niedrigem GI gehörten, fiel der Anteil übergewichtiger Kinder deutlich. Sie nahmen rein dadurch ab, dass sie mit ihren Eltern nach den Prinzipien der nordischen Ernährungsweise aßen.

Viele Studien zeigen, dass sich Menschen, die leicht zunehmen, auch leicht überessen, selbst wenn sie einen offiziellen Diätplan befolgen. Unser Ziel war es, ein Ernährungskonzept zu entwickeln, das so sättigt, dass man sich automatisch nicht überessen kann. Sie müssen also keine Kalorien zählen, um schlank zu bleiben, und können weiter so viel essen, bis Sie satt sind.

WARUM DIES NEU IST

In den letzten 30 Jahren wurden die Verbraucher mit Diätbüchern bombardiert. In vielen davon wurde Außergewöhnliches behauptet und mit fragwürdigen Methoden gearbeitet, die versprachen, sie würden das Geheimnis zur dauerhaften Gewichtsreduktion enthüllen. Tatsache ist, dass jedes nachfolgende Buch überflüssig gewesen wäre, hätte eines davon sein Versprechen wirklich eingehalten. Und doch fluten sie weiterhin die Bücherregale.

Viele Diätbücher lassen es einfach klingen abzunehmen. Man fastet zwei Tage und isst dann zwei Tage normal, wobei man einige oder alle Kohlenhydrate oder die meisten Fette meidet, oder nur „gute" Fette zu sich nimmt – alles mehr oder weniger kreative Konzepte. Und obwohl die meisten Diäten ziemlich restriktiv sind und noch nicht einmal schmecken, sind viele dieser Prinzipien wissenschaftlich für die Gewichtsabnahme erprobt – auf kurze Sicht. Sie würden auch langfristig funktionieren, wenn man die Ernährungspläne einhalten könnte. Tatsächlich ist es sogar schwer, *nicht* abzunehmen, wenn man verschiedenste Lebensmittel und Getränke, besonders die Kohlenhydrate, aus der Ernährung streicht. Es ist allerdings nicht durchhaltbar, dauerhaft so vielen Lebensmitteln Lebewohl zu sagen, die man gern isst. Die wenigsten von uns sind so willensstark, dass sie Brot, Reis, Pasta oder Käse für immer widerstehen können.

Dennoch enthalten all diese Bücher ein Fünkchen Wahrheit. Nehmen wir beispielsweise die klassische Low-Fat-Diät. Natürlich nimmt man einige Kilogramm ab, wenn man von einer fettreichen zu einer fettreduzierten Ernährung wechselt. Wenn Sie 5, 10 oder 15 Kilogramm verlieren wollten, würden Sie jedoch wahrscheinlich enttäuscht werden – insbesondere, wenn Sie feststellen, dass viele Ihrer Lieblingsspeisen verboten sind. Das Gleiche gilt für die Atkins-Diät und alle anderen sehr kohlenhydratarmen Diäten. Die Mahlzeiten mit verdoppeltem Eiweißgehalt sättigen zwar ziemlich effektiv, was besonders bei Insulinresistenz oder Prädiabetes zum Gewichtsverlust führt. (Wenn die Körperzellen auf Insulin nur schwach reagieren, funktioniert die Aufnahme von Blutzucker in die Zellen nur schlecht. Nach dem Verzehr der Kalorien, die der Stoffwechsel braucht, tritt nicht das nötige Sättigungsgefühl ein. Allerdings sind auch die Blutzuckerausschläge viel ausgeprägter sowie das Diabetes- und Entzündungsrisiko.) Fast alle Studien zu solchen kohlenhydratarmen Diäten zeigen allerdings, dass man sie nicht lange durchhalten kann. Häufig hat man nach einiger Zeit mehr oder weniger das ganze verlorene Gewicht wieder zugelegt. Die meisten von uns schaffen es einfach nicht, ständig auf ganze Lebensmittelgruppen wie Kohlenhydrate zu verzichten. Es ist ein Kampf, Pasta, Reis, Kartoffeln, Couscous, Bulgur, Haferflocken, Müsli, Cornflakes, Obst, Honig und Zucker für immer zu streichen. Das Gleiche gilt für massiv fettreduzierte Diäten, in denen viele köstliche, aber fetthaltige Lebensmittel verboten sind. Wer möchte sich verpflichten, den Rest des Lebens auf saftige Steaks, Avocados oder Käse zu verzichten?

Die nordische Ernährungsweise empfiehlt einen anderen Ansatz. Es werden überhaupt *keine* Lebensmittelgruppen verboten, sondern Sie werden ermuntert, Ihr Essen wirklich zu genießen, indem alle fünf Geschmackssinne zufriedengestellt werden (süß, sauer, salzig, bitter und umami). Unsere Studienteilnehmer stiegen viel seltener aus, wenn sie satt wurden und es ihnen schmeckte.

Unsere und andere ernährungswissenschaftliche Studien belegen, dass die Regulierungsmechanismen des Körpers zwar kompliziert sind, doch dass eine Sache ziemlich einfach ist: Um das Körpergewicht nachhaltig zu kontrollieren, muss es uns möglich sein, satt zu werden *und* gleichzeitig das Essen zu genießen – vorzugsweise dreimal täglich! Eine Ernährung, in der ganze Lebensmittelgruppen weggelassen werden, ist zu restriktiv, um genussreich und langfristig durchhaltbar zu sein. Dennoch können wir von solchen Diäten etwas lernen – zum Beispiel, dass zu viel Fett leicht dazu führt, dass man zu viel isst und zunimmt. Das Gleiche gilt für raffiniertes Getreide und Produkte daraus, wie Weißbrot und polierter Reis. Etwas mehr Eiweiß tut uns gut, aber Extreme bezüglich Eiweiß, Fett oder Kohlenhydraten erschweren die Gewichtskontrolle eher. Die positive Schlussfolgerung ist, dass Maßhalten am besten funktioniert. Daher hilft die nordische Ernährungsweise mit ihren köstlichen Mahlzeiten erwiesenermaßen gegen Gewichtszunahme – ohne Disziplin und Entbehrungen.

Unser Programm ist auch sehr effektiv, um nach strengeren Reduktionsdiäten nicht wieder zuzunehmen. Dies widerlegt manche Forscher, die behaupten, ein langsamer Stoffwechsel sei die unvermeidliche Körperreaktion auf extremen Gewichtsverlust. Wir fanden heraus, dass einige Nahrungskombinationen besser als andere sättigen, den Hunger reduzieren und den Stoffwechsel steigern. Mit ihnen schafft man es, nach Verzehr der Energiemenge, die zum Halten des reduzierten Gewichts reicht, nicht weiterzuessen.

DER GLYKÄMISCHE INDEX

Der glykämische Index (GI) ist eine im Labor ermittelte Zahl zwischen 0 und 100. Er gibt die blutzuckersteigernde Wirkung eines Lebensmittels in den zwei Stunden nach seinem Verzehr an. Als Referenzwert dient ein Lebensmittel mit dem gleichen Kohlenhydratgehalt. Heutzutage ist das immer Glukose (Traubenzucker), der ein GI-Wert von 100 zugewiesen ist. Dies klingt zunächst sehr speziell, doch folgen alle GI-Studien weltweit diesen Vorgaben, sodass die gemessenen Werte direkt vergleichbar sind. Lebensmittel mit einem hohen GI (70 oder mehr) wie Weißbrot, Reis, viele Kartoffelsorten oder Jelly Beans (Zucker-Dragees mit Geleefüllung) lassen den Blutzucker schnell hoch ansteigen. Solche mit niedrigem GI (55 und weniger) wie einige Vollkornbrotsorten, Bohnen, Pasta, Milchprodukte sowie die meisten Früchte werden langsamer aufgespalten und absorbiert. Sie bewirken einen niedrigeren und besser kontrollierbaren Blutzuckeranstieg.

In den letzten 15 Jahren debattierte die Wissenschaft erhitzt darüber, ob das Beachten des GI auch ein effektives Werkzeug im Kampf gegen Übergewicht sein kann. Tatsächlich waren wir, abgesehen von Jennie, anfangs gegen dieses Konzept, da der wissenschaftliche Nachweis nicht schlüssig war. Die Ergebnisse der DiOGenes-Studie überzeugten uns aber davon, dass Jennie recht hatte.

Der GI wird von zahlreichen Faktoren beeinflusst, zum Beispiel von der Teilchengröße eines Lebensmittels sowie von seinem Fett-, Eiweiß- und Säuregehalt. Daher kann man den GI nicht isoliert heranziehen, um den gesundheitlichen Wert von Lebensmitteln bestimmen zu können. So haben beispielsweise Kartoffelchips, die in viel Fett frittiert wurden, einen niedrigeren GI als gekochte Kartoffeln, weil Fett die Absorptionsrate von Kohlenhydraten und damit den GI senkt. Daher haben viele fettreiche Kuchen und Kekse einen niedrigen GI. Die Tabelle auf Seite 37 listet noch weitere Faktoren auf, die den GI einer Mahlzeit beeinflussen. Doch egal wie: Sie werden auf jeden Fall immer leichter an Gewicht verlieren und sich bedeutende Gesundheitsvorteile verschaffen, wenn Sie die Lebensmittel mit hohem GI in Ihrer Ernährung durch Varianten mit niedrigem GI ersetzen.

Die DiOGenes-Studie zeigte, dass Personen, die durch Kalorienreduktion in acht Wochen knapp 11 Kilogramm verloren hatten, danach wieder zunahmen, wenn sie mäßige Fett- und Eiweißmengen in Kombination mit stark kohlenhydrathaltigen Lebensmitteln zu sich nahmen. Die Gruppe, deren Ernährung eine leicht reduzierte Kohlenhydrataufnahme aus einer Reihe von Lebensmitteln mit niedrigem GI vorschrieb, nahm hingegen im Verlauf von sechs Monaten überhaupt *nicht* zu – obwohl die Teilnehmer immer essen durften, bis sie sich voll und gesättigt fühlten.

KOHLENHYDRATE VERSUS EIWEISS: DAS IDEALE VERHÄLTNIS

In unserem Ernährungskonzept empfehlen wir ein Kohlenhydrate-Eiweiß-Verhältnis von 2:1 (wir erklären noch genau, wie wir zu dieser Formel kamen). In der Praxis heißt das, man sollte etwa 200 Gramm Kohlenhydrate und 100 Gramm Eiweiß pro Tag zu sich nehmen. Eine wichtige Frage ist jedoch, ob Sie sogar noch weniger Kohlenhydrate essen oder sie ganz weglassen sollten. Low-Carb-Diäten (Programme, die nicht mehr als 50 Gramm Kohlenhydrate täglich vorsehen) sind zweifelsfrei sehr effektiv, um Gewicht zu verlieren und auch um Typ-2-Diabetes zu vermeiden und zu behandeln. Vielleicht haben Sie das bereits am eigenen Körper ausprobiert. Sie sind bei Menschen mit schlechter Insulinreaktion am wirkungsvollsten; dies trifft bei Krankheiten wie Prädiabetes, Typ-2-Diabetes, polyzystischem Ovarialsyndrom (PCOS) oder Psoriasis (Schuppenflechte) zu. Weniger effektiv sind diese Diäten bei körperlich aktiveren Menschen und solchen mit genetisch bedingter guter Insulinempfindlichkeit.

Streng kohlenhydratbeschränkte Diäten erlauben zwar gute Fette und Eiweiß aus gesunden Quellen (Nüsse, Avocados, Fisch usw.) sowie viel Salat und Gemüse. Einige Ihrer Lieblingsgerichte sind jedoch möglicherweise gestrichen. Meistens wird verlangt, Getreide und getreidebasierte Lebensmittel (Brot, Pasta, Reis), stärkehaltiges Gemüse (Kartoffeln) und die meisten Früchte (Äpfel, Bananen), Schokolade sowie Desserts *stark* einzuschränken. Das ist kurzfristig zwar machbar (vielleicht zwei bis drei Monate), aber was ist mit dem restlichen Leben, wenn es das Ziel ist, das neue Gewicht zu *halten*?

Studien zeigen, dass es zwar möglich ist, einige Wochen die Kohlenhydrate komplett zu streichen, die man so gern isst. Die meisten Menschen können aber nicht ihr Leben lang auf Brot, Pasta, Reis, Couscous, Obst usw. verzichten. Eine Low-Carb-Diät macht das Leben schwer, verlangt viel Selbstdisziplin und Opfer und wirft Sie höchstwahrscheinlich aus der Bahn. Auch Freunde und Familie werden davon nicht begeistert sein und fragen vielleicht sogar, wie umweltfreundlich (siehe Seite 58) Ihre Ernährung ist. Außerdem werden Sie das abgenommene Gewicht wieder zunehmen, sobald Sie Kohlenhydrate essen. Unsere Empfehlungen basieren auf den Grundlagen von Natur- und Geisteswissenschaften. Die sozialen und umweltrelevanten Auswirkungen unserer Ernährungsmuster müssen ebenfalls berücksichtigt werden.

Aus diesem Grund empfehlen wir für die längerfristige Gewichtskontrolle und einen allmählichen, wirklich nachhaltigen Gewichtsverlust einen Mahlzeitenplan mit nur *mäßig* höherem Eiweißanteil und nur *mäßig* geringerem Kohlenhydratanteil. Kohlenhydrate mit niedrigerem GI dürfen auf dem Teller bleiben, weil sie nicht die gleiche ungünstige Wirkung auf die Gesundheit haben. Es ist sogar besser, sie zu essen, als sie ganz zu streichen, da sie Entzündungen im Körper reduzieren. Und wer seine geliebten Kohlenhydrate weiter essen darf, tut sich leichter, den Ernährungsplan zu befolgen, als wenn sie ganz verboten sind.

SÄTTIGUNG IST DER WEG, UM SCHLANK ZU WERDEN

Der übliche Ratschlag, den man erhält, wenn man abnehmen und ein gesundes Körpergewicht halten will, lautet: „Essen Sie weniger." Dieser Ansatz hat sich als sehr ineffektiv erwiesen, und der Grund dafür ist offensichtlich. Niemand informiert genauer darüber, wie man die Motoren einer übermäßigen Kalorienaufnahme – Hunger und fehlende Sättigung – abschalten kann. Umgekehrt wird man automatisch weniger Kalorien verzehren, wenn man Lebensmittel und Mahlzeiten zu sich nimmt, die besser sättigen.

In den vergangenen 25 Jahren erforschten Jennie und Arne unabhängig voneinander, wie sich der Sättigungsgrad mit weniger Kalorien erhöhen lässt, ohne ganze Lebensmittelgruppen zu vermeiden. „Sättigung" bezeichnet dabei wissenschaftlich das angenehme, aber schwer fassbare Gefühl des Vollseins nach dem Essen, das uns mitteilt, dass wir genug hatten. Wenn es gelingt, ständige Hungerattacken zu eliminieren und genussvoll satt zu werden, ist das der beste Schutz vor übermäßigem Essen bei Tisch und bei kleinen Zwischenmahlzeiten.

Die Lösung für eine langfristige, erfolgreiche Gewichtskontrolle liegt also darin, sich nach dem Essen ausreichend voll und gesättigt zu fühlen, sodass der Hunger erst nach Stunden wiederkehrt.

Leider ist das nicht so einfach, wie sich nur von kalorienarmem Essen zu ernähren. Wenn Ihnen Kohlsuppe reicht, werden Sie zweifellos abnehmen, müssen aber bei Geschmack und Esskultur in nicht tolerierbarem Maße Abstriche machen. Wir brauchen unsere Sinne, nicht nur unseren Magen, um uns satt und zufrieden zu fühlen. Essen muss schmecken und es uns ermöglichen, an sozialem Austausch teilzuhaben, den wir alle lieben und der das Leben lebenswert macht.

APPETIT VERSUS HUNGER

Zwischen Appetit und Hunger gibt es einen Unterschied. Hunger ist ein biologischer Trieb – ein Überlebensmechanismus, der dadurch reguliert wird, wie viel wir essen und was wir im Magen haben. Er wird von inneren Körpermechanismen gesteuert. Appetit ist hingegen ein psychisches Verlangen nach bestimmten Lebensmitteln, gesteuert von Faktoren wie Gewohnheiten, Geruch oder dem Anblick von Nahrung. Sie können hungrig sein und trotzdem keinen Appetit haben, zum Beispiel, wenn Sie krank sind. Umgekehrt können Sie Appetit entwickeln und nicht hungrig sein, zum Beispiel beim Anblick eines köstlichen Desserts. Sättigung ist also nicht das Gegenteil von Hunger. Sie wird in einem anderen Gehirnareal als Hunger stimuliert und ist, anders als Hunger, auch vom Appetit beeinflusst. Um zufriedenstellend gesättigt zu sein, müssen sowohl Appetit wie Hunger berücksichtigt werden! Ein Teller fettarmes Gemüse ist nicht zufriedenstellend, selbst wenn er voll macht. Daher basiert die nordische Ernährungsweise auf Lebensmitteln, die ein Wohlgefühl auslösen und den Hunger stillen.

KÖRPER UND SEELE IM HYGGE-STIL ERNÄHREN

In Skandinavien gibt es den Ausdruck *Hygge* (Aussprache: Hügge), der alles abdeckt, was die Wörter behaglich, heimelig, zwanglos, herzlich, bodenständig, warm, vertraut, gesellig, entspannt, gemütlich, kuschelig, freundlich, einladend und gelassen beschreiben. Hygge ist die Idee, die wir von unserem Leben zu Hause haben, und unsere Vorstellung davon, wie Lebensmittel, Essen und Gästebewirtung sein sollten.

Die sprachgeschichtlichen Wurzeln von Hygge liegen im Norwegischen (und noch weiter zurück, im Altnorwegischen). Beschreibungen aus dem 18. Jahrhundert definieren Hygge als einen Lebensraum, in dem man sich wohl und sicher fühlt, und als das Erleben von Gemütlichkeit sowie Freude, vor allem im eigenen Heim und innerhalb der Familie. Der Begriff beinhaltet auch Fürsorge, zum Beispiel gegenüber Kindern, sowie eine zivilisierte Verhaltensweise, mit der andere leicht zurechtkommen und die sie beruhigt und ihr Vertrauen erweckt; oder ein Haus, das, obwohl nicht zu luxuriös oder elegant, sauber und gepflegt ist.

Hygge bezeichnet eine geborgene, vertraute und zurückhaltende Form der Sozialisierung. Eine *hyggelige* Zeit zu verbringen bedeutet häufig, mit guten Freunden, der Familie oder dem Partner zusammen zu sein und auf unkomplizierte Weise und nicht zu exaltiert Spaß zu haben. Schauplatz für Hygge ist oft das Zuhause, obwohl gesellschaftliche Treffen an anderen Orten auch hyggelig sein können. Man erlebt ein Gefühl der Verbundenheit, häufig basierend auf gemeinsamem Essen und Trinken (mit oder ohne Alkohol).

Als wir den Rezeptteil für dieses Konzept entwickelten, achteten wir sehr auf die Traditionen rund um Essen und Zusammenleben, die den Skandinaviern wichtig sind. Unsere Ernährungspläne sind daher vielleicht die einzigen, die als wissenschaftlich fundiert und hyggelig gelten können. Unser Essen nährt Seele und Körper und sorgt für vertraute Behaglichkeit. Es steht im starken Kontrast zu den meisten Programmen, die auf Verzicht und Entbehrung beruhen. Bei der nordischen Ernährungsweise geht es um vollwertige, sättigende Zutaten in der richtigen Balance, um Genuss und um Zeit mit Freunden und Familie – ein Konzept, dem jeder Mensch mit Vergnügen folgen kann.

SCHMACKHAFTIGKEIT ALS WEG ZU ZUFRIEDENHEIT

Wir haben unser Ernährungskonzept absichtlich so zusammengestellt, dass Sie Mahlzeiten mit Familie und Freunden genießen können. Außerdem schmecken die Gerichte so gut, dass Sie auf diese gesunden Lebensmittel schon bald nicht mehr verzichten wollen. Wir wetten sogar darauf, dass Sie sich wundern werden, wie Sie eine im Alltag oft praktizierte Fast-Food-Ernährung je schmackhaft finden konnten. Wir empfehlen dieses Konzept nicht nur, damit Sie Ihr Essen genießen können (das ist uns natürlich ebenfalls wichtig), sondern auch, weil unsere Forschung erwiesen hat, dass eine Ernährungsumstellung umso besser funktioniert und durchhaltbar ist, je weniger Sie eingeschränkt und gängige Lebensmittel verboten werden. „Wissenschaftliche Gewichtskontrolle" *verlangt* auch Genuss – großartige Neuigkeiten für Menschen, die bislang nicht gesund essen, weil sie denken, es geht dabei nur um Salat und Körner.

Dr. Áine McConnon, britische Wissenschaftlerin an der University of Surrey und Mitglied der wissenschaftlichen europäischen DiOGenes-Arbeitsgruppe, analysierte die Akzeptanz der Mahlzeitenprogramme während der DiOGenes-Studie. Im Rückblick überrascht es kaum, dass die Ernährungspläne zum besten Erfolg führten, die genussreiche, unkomplizierte und sättigende Mahlzeiten beinhalteten. Diese Ergebnisse erklären zum Teil, warum so wenige Studienteilnehmer dieser Diätgruppe den Versuch abbrachen. Schmackhaftigkeit und Genuss sind ganz klar ausschlaggebend für den langfristigen Erfolg, den so viele unserer Probanden erzielen konnten.

DER GESCHMACKSFAKTOR

Ein grundlegendes wissenschaftliches Prinzip von Geschmacksgenuss, das in der nordischen Ernährungsweise verwendet wird, ist die Stimulation aller Sinne: Geschmacks-, Geruchs- und Tastsinn sowie die trigeminale Wahrnehmung, mit der man zum Beispiel scharfes Essen auf der Zunge spürt (mehr darüber in Kürze). Sie alle sind wichtig für ein angenehmes Essenserlebnis.

Der Geschmackssinn lässt sich in vier Grundqualitäten unterteilen – sauer, süß, salzig und bitter – sowie in eine fünfte Qualität: umami. Alle Zungenbereiche können diese fünf Geschmacksqualitäten schmecken, doch sind die Rezeptoren dafür nicht überall gleich dicht verteilt. Süß schmeckt man vor allem im vorderen Zungenbereich, bitter im hinteren und sauer sowie salzig am seitlichen Zungenrand. Die Empfindlichkeit für Salz liegt eher vorne. Umami ist schwer definierbar und wird von manchen als fleischig, würzig oder wohlschmeckend beschrieben. Man nimmt diese Geschmacksqualität vor allem hinten auf der Zunge wahr, und sie verleiht dem Essen mehr Aroma.

Der Geruchssinn ist für den Geschmack von Nahrung besonders wichtig. Denken Sie nur daran, wie Essen schmeckt oder genauer gesagt nicht schmeckt, wenn bei einer Erkältung die Nase verstopft ist. Sie hat über tausend olfaktorische Rezeptoren, was den Geruchssinn weitaus differenzierter als den Geschmackssinn macht. Die Wahrnehmung von Gerüchen wird bereits aktiviert, bevor die Nahrung gegessen wird, kommt aber auch beim Kauen ins Spiel. Die Kaubewegung setzt Aromen frei, welche die Geruchsrezeptoren durch den Gaumen erreichen. Die Geruchssignale werden mit anderen Sinnen im Gehirn vereint und vervollständigen zusammen die Sinneswahrnehmung. Der Geruchssinn kann auch überreizt werden, was den Appetit stört. Nach stundenlangem Kochen für Ihre Gäste kann es beispielsweise sein, dass Sie keinen Appetit mehr haben, wenn Sie sich schlussendlich an den Tisch setzen.

Den Tastsinn bringt man oft mit dem Begriff des „Mundgefühls" in Zusammenhang – hier geht es um die Konsistenz und Struktur von Lebensmitteln. Der strukturelle Unterschied zwischen knusprig und weich trägt beispielsweise zu optimaler Genussbefriedigung bei – wie bei Macarons (französisches Baisergebäck) mit ihrer knusprigen Hülle und dem zäh-weichen Inneren; oder stellen Sie sich vor, wie ein KitKat (Schokoriegel mit Waffelfüllung) knusprig zerbricht und dann im Mund schmilzt. Dies lässt sich auch in der gesunden Küche einsetzen, indem man beispielsweise geröstete Mandelblättchen als knusprigen Kontrast zu gegartem Gemüse über einen Salat streut.

Auch der Sehsinn ist für die Essensauswahl wichtig: Denken Sie nur an verführerische Eiscreme an heißen Sommertagen. Der Sehsinn basiert vor allem auf Wahrnehmungen im Zusammenhang mit Geschmack und ist kein Teil des direkten Geschmacksempfindens im Mund. Doch kann er sehr wichtig sein für unser Verlangen nach Nahrung – oder für das Nicht-Verlangen.

Zu diesen vier Sinnen gesellt sich der wichtige fünfte Sinn: die trigeminale Wahrnehmung. Sie wird durch Sinnesreize auf Zunge, Gaumen oder Naseninnenwand stimuliert. Das Brennen von scharfer Peperoni, Senf und Ingwer oder das Prickeln von Champagner sind Beispiele für die trigeminale Stimulierung. Mittlerweile liegen Beweise dafür vor, dass unser Appetit schneller befriedigt wird, wenn Essen „nach etwas schmeckt" und alle Sinne anspricht.

So zu kochen, dass all diese Sinne angesprochen werden, wirkt kompliziert, muss es aber nicht sein. Beginnen Sie, indem Sie Lebensmittel, die alle fünf Geschmacksqualitäten abdecken, als den Schlüssel zu köstlichen, zufriedenstellenden Mahlzeiten ansehen. Ein Sandwich aus Vollkornweizenbrot (bitter), belegt mit gebratenem Hähnchen (umami und salzig) und eingelegten Pickles (sauer und süß), ist hierfür ein ausgezeichnetes Beispiel. Das Gleiche gilt für eine Pizza mit Tomatensauce (süß), Schinken oder Peperoni (umami und salzig) und frischem Rucola (bitter) – hier haben Sie auch den Kontrast zwischen knusprigem Teig und weichem Käse. Sie müssen aber nicht alle fünf Geschmacksqualitäten in ein Gericht packen, sondern können sie aufteilen; zum Beispiel in einen erfrischenden Salat aus bitteren Blattsalaten mit süßsaurem Dressing zu einem Fisch- oder Fleischhauptgang mit viel Gemüse. Das runden Sie mit einem Stück qualitativ hochwertiger dunkler Schokolade ab – und schon haben sie alle fünf Geschmacksqualitäten abgedeckt. Eine solche Aufteilung hilft außerdem, langsamer zu essen, was ebenfalls die Sättigung fördert.

GENUSS

Der Mensch hat ein starkes Bedürfnis nach Genuss. Manche Wissenschaftler halten es sogar für einen der stärksten Antriebe im Leben. Die meisten von uns empfinden beim Essen Genuss und Belohnung – zum Beispiel bei einem kleinen Dessert (bei Jennie sind das zwei Stückchen gute Schokolade) nach einem harten Arbeitstag. Oder bei einem verdienten Freitagabend-Bier nach einer langen Woche. Es ist wichtig zu wissen, dass es leicht ist, sich an etwas zu gewöhnen, das sich nach Schlemmergenuss anhört, obwohl es das absolut gesehen gar nicht ist. Wenn uns oft genug gesagt wird, eine Schüssel reifer Erdbeeren ist die ultimative Leckerei, glauben wir es am Ende! Diesen Mechanismus können wir verwenden, um selbst ohne die reichhaltigen Lebensmittel, die uns zunehmen lassen, Genuss zu empfinden.

Wenn Sie unseren vierwöchigen Ernährungsplan befolgen, sollten Sie Ihren Sinn für Genuss „trainieren“. Was schätzen Sie wirklich? Und könnten Sie die Mahlzeit genauso genießen, wenn Sie weniger davon essen, dafür aber mit voller Aufmerksamkeit? Können Sie einige ungesunde Gewohnheiten durch etwas gesündere ersetzen? Dieses Genusstraining ist großartig, da es sich sehr positiv auf Ihr Gewicht auswirken wird.

Denken Sie auch daran, dass Sie mit Stil sündigen können! Sicher, Sie sollten keine Kalorien auf Junkfood verschwenden, das noch nicht einmal schmeckt. Es ist aber in Ordnung, gelegentlich vom gesunden Pfad abzuweichen, solange Sie schnell dorthin zurückkehren. Studien zeigen, dass vielen Menschen eine gesunde Lebensweise leichter fällt, wenn sie sich hin und wieder gehen lassen; nicht immer, aber zum Beispiel am Samstagabend – und mit gutem Gewissen. Spüren Sie, wie gut sich Ihr Körper anfühlt, wenn Sie nur ein Glas Wein trinken oder nur ein kleines Stück Kuchen essen oder wenn Sie sogar „nein, danke" zu dem zweiten Glas sagen. Es ist wichtig, sich an bewussten Genussmomenten zu erfreuen und gleichzeitig daran zu arbeiten, Versuchungen zu kontrollieren. So können Sie mit gutem Gewissen genießen, wenn Sie vom Plan abweichen.

KANN MAN ZU VIEL FLEISCH ESSEN?

Wissenschaftliche Studien weisen darauf hin, dass große Mengen von verarbeitetem rotem Fleisch das Risiko für Krebs und Herzerkrankungen steigern könnte. Daher legt die nordische Ernährungsweise den Schwerpunkt auf andere gute Eiweißquellen wie Fisch, Geflügel, Gemüse und Milchprodukte. Aber nicht alle roten Fleischsorten sind gleich schädlich. So produzieren sanfte Garmethoden wie Sieden oder Niedertemperaturbraten nicht die gleichen hohen Mengen an Karzinogenen wie geräucherte, gegrillte oder gebräunte Lebensmittel und industriell aufbereitetes Fleisch wie zum Beispiel Wurstwaren mit zugesetztem Salz, Nitriten und anderen unerwünschten Zutaten.

WIE SCHLANK WOLLEN SIE SEIN?

Nach dem Abnehmen sind Sie meist auf sich allein gestellt, doch hier macht unser Ernährungskonzept weiter. Wir hoffen, Sie empfinden dieses als konkrete, einfache sowie leicht einzuhaltende Anleitung und entwickeln daraus die Grundlage für gesündere Essgewohnheiten, die Sie nicht mehr missen wollen. Sie müssen dafür nur unserem Menüprogramm folgen und dessen Prinzipien in Ihren Alltag integrieren. Danach kreieren Sie Ihre Mahlzeiten mit unserem 2:1-Gesamtverhältnis nach den gleichen Prinzipien. Sie können, sollen und müssen nicht den Rest Ihres Lebens Diät halten.

Sie haben vielleicht schon von den sogenannten „biggest losers" gehört – Menschen, die erfolgreich große Mengen abnahmen, danach aber das meiste, wenn nicht sogar das ganze Gewicht wieder zunahmen. Solche Ergebnisse überraschten uns ehrlich gesagt nicht. Experten empfehlen der übergewichtigen Bevölkerung und adipösen Menschen im Rahmen von Begleitprogrammen seit Jahrzehnten, die Kalorienaufnahme zu reduzieren. Dieser Ansatz funktioniert nicht langfristig, weil er die zugrunde liegenden Ursachen für die Gewichtszunahme nicht thematisiert. Sobald das Kalorienzählprogramm beendet ist, werden Sie ein großes Bedürfnis danach haben, die Kalorienaufnahme wieder zu steigern. Eine der Ursachen dafür ist das Ernährungskonzept. Der Rückfall erfolgt nicht aufgrund eines langsamen Stoffwechsels, wie manche Studien nahelegen. Tatsächlich gibt es einen Weg, einer erneuten Gewichtszunahme ohne Hunger und Kalorienzählen vorzubeugen – und basierend auf den Ergebnissen der DiOGenes-Studie erfahren Sie, wie das geht.

In all den Jahren, in denen wir mit Übergewichtigen arbeiten, sind viele Menschen zu uns gekommen, die mit einer Diät abgenommen haben. Die Herausforderung für die meisten besteht darin, nicht wieder zuzunehmen. Und genau hierfür haben wir unser Ernährungskonzept entwickelt. Es ist bestens dafür geeignet, das Gewicht zu halten, wie die DiOGenes-Studie beweist. Und das Tolle daran ist, dass Sie keinen Mangel empfinden werden.

Neben dem Gewichtsverlust bemerken Sie wahrscheinlich auch die zahlreichen positiven Auswirkungen der neuen Ernährungsweise auf Ihre Gesundheit. Sie werden aber auch feststellen, dass manches davon nicht in einen vollen Alltag passt oder dass Ihnen Lebensmittel fehlen. Das ist in Ordnung – es ist wichtig, die Prinzipien individuell so anzupassen, dass sie zu Ihnen und zu Ihrem Leben passen, und nicht andersherum.

Nichts ist verboten oder falsch, solange Sie Ihre Auswahl bewusst treffen und die Gesundheit an die erste Stelle setzen.

Unser Mahlzeitenplan sättigt mehr als andere Diäten, reduziert den Hunger besser und kurbelt den Stoffwechsel stärker an. So schaffen Sie es, mit dem Essen aufzuhören, wenn Sie die Kalorienmenge aufgenommen haben, die für das Halten des reduzierten Körpergewichts nötig ist.

Es gibt vermehrt wissenschaftliche Belege dafür, dass die Adipositas-Epidemie zeitlich mit dem dramatisch gesteigerten Verzehr raffinierter Kohlenhydrate wie Brot, Reis und Saft zusammenfällt. Anfällige Menschen reagieren darauf mit einem übersteigerten Kalorienverzehr, was zur Gewichtszunahme führt. Dies hilft uns zu verstehen, dass die Kohlenhydrate in den verschiedenen Lebensmitteln deutliche Wirkungen auf unseren Körper haben, einschließlich der postprandialen Hypoglykämie (Absinken des Blutzuckerspiegels wenige Stunden nach einer Mahlzeit) und der Insulinempfindlichkeit. Dies kann die Verdauung, den Appetit (Hunger und Sättigung) sowie den Stoffwechsel beeinflussen. Am wichtigsten ist die Kohlenhydratqualität für Übergewichtige und Personen mit erhöhtem Risiko für Diabetes mellitus. Der glykämische Index (GI) ist eine Lebensmittelklassifizierung, die sich für jedes Gramm Kohlenhydrate aus der postprandialen Blutzuckerreaktion im Vergleich zu einem Referenz-Lebensmittel errechnet. Der Wert der glykämischen Last (GL), dem mathematischen Produkt aus glykämischem Index und Kohlenhydratdichte, berücksichtigt die Qualität sowie die Menge eines Kohlenhydrats. Er ist der beste Vorhersagewert für postprandiale Hypoglykämie.

Bei übergewichtigen und insulinresistenten Personen, die Kohlenhydrate mit hohem GI und/oder hoher GL verzehren, steigen Blutzuckerspitzen und Insulinnachfrage erheblich. Übergewichtige und adipöse Menschen, die eine beliebige Diät mit niedrigem GI oder niedriger GL befolgen, verlieren mehr Fettmasse als Personen, die einer konventionellen Low-Fat-Diät folgen. Professor David Ludwig aus Boston war der Erste, der nachgewiesen hat, dass eine Diät mit niedriger GL bei adipösen Erwachsenen mit starker Insulinausschüttung höhere Gewichts- und Körperfettverluste bewirkte als eine konventionelle Low-Fat-Diät. Sein Forschungsteam stellte auch fest, dass sich ein reduzierter Energieverbrauch nach längerem Abnehmen durch eine anschließende Ernährung mit niedrigem GI oder niedriger GL normalisieren lässt.

Die hier zitierten Studien zeigen, wie wichtig die Nahrungszusammensetzung für jedes Diätprogramm ist, insbesondere für die Beibehaltung des neuen Gewichts und die Verhinderung eines Rückfalls nach einer deutlichen Abnahme.

SEIT DIE NORDISCHE ERNÄHRUNGSWEISE UNTER DEM TITEL *VERDENS BEDSTE KUR* IN Dänemark veröffentlicht wurde, haben wir weitere Ergebnisse ihrer Langzeiteffekte analysiert. Aus der DiOGenes-Studie, der wissenschaftlich fundiertesten Dokumentation dieses vollwertigen Konzepts, wissen wir:

1. Der Ernährungsplan ist so unkompliziert, dass die Abbruchquote in 14 Monaten nur halb so hoch war wie bei einer konventionellen Low-Fat-Diät (normaler Eiweißgehalt und höherer GI).
2. Der Unterschied in der Gewichtsabnahme bei den Teilnehmern der nordischen Ernährungsweise im Vergleich zu Gruppen, die eine konventionelle Diät einhielten, vergrößerte sich sogar auf das Doppelte!
3. Umfassende Analysen der Geschmackspräferenzen, die britische Wissenschaftler für die DiOGenes-Studie durchführten, zeigen, dass die Testpersonen das Essen liebten. Dies liegt nicht nur an der hervorragenden Gewichtskontrolle, die unser Ernährungsplan ermöglicht: Die hohe Durchhaltequote lässt vermuten, dass den Teilnehmern das Essen auch besser schmeckte, als dies bei anderen Diäten der Fall ist (dies können Sie mit den Rezepten ab Seite 69 selbst überprüfen).

TEIL 2

DIE PRINZIPIEN DER NORDISCHEN ERNÄHRUNGS-WEISE

WIR HOFFEN, DASS SIE DIE PRINZIPIEN, DIE DER NORDISCHEN ERNÄHRUNGSWEISE zugrunde liegen, nun gut verstanden haben. Theorie ist allerdings das eine – Praxis das andere. Es sei nochmals betont, dass die nordische Ernährungsweise keine Reduktionsdiät ist, die Sie in kurzer Zeit schnell abnehmen lässt, sondern ein *lebenslanges Ernährungskonzept*. Dieses Kapitel zeigt Ihnen die Werkzeuge, mit denen Sie das Programm täglich und kontinuierlich umsetzen können: Listen und Ratschläge für den Einkauf, für die Essensvorbereitung und für Mahlzeiten daheim oder in Restaurants. Sicherlich werden Sie schnell mit diesem Konzept vertraut sein, sodass die Zusammenstellung der Mahlzeiten nach der nordischen Ernährungsweise bald zur Gewohnheit werden wird.

DAS KOMMT IN DEN EINKAUFSKORB

Wählen Sie Lebensmittel mit niedrigem GI – das ist der erste Schritt, um Ihre Ess- und Kochgewohnheiten an die nordische Ernährungsweise anzupassen. Sie bewirken, dass der Blutzucker langsamer und auf ein niedrigeres Niveau ansteigt. Zu den kohlenhydrathaltigen Lebensmitteln zählen alle Arten von Früchten, stärkehaltiges Gemüse wie Kartoffeln (ausgenommen Salatgemüse), Milchprodukte wie Milch und Joghurt (ausgenommen Käse), Getreide und Getreideprodukte wie Brot und Pasta sowie Hülsenfrüchte. Nur Lebensmittel mit Kohlenhydratanteil können einen GI-Wert haben.

Die meisten Früchte haben einen niedrigen GI. Sie können sie daher reichlich essen. Äpfel, Birnen, Orangen, Bananen, Blaubeeren und Erdbeeren gehören dazu. Nur wenige Obstsorten, wie beispielsweise Wassermelonen, haben einen hohen GI, aber gleichzeitig einen geringen Kohlenhydratanteil. Sie müssen sie also *nicht* einschränken. Fast alle Gemüsesorten haben einen niedrigen GI (sogar Möhren!). Die große Ausnahme sind Kartoffeln. Diese dürfen Sie trotzdem essen, aber nicht in großen Mengen. Möhren und Rote Bete haben eine intensive Farbe und beinhalten eine Menge Antioxidantien.

Bei Getreide und Getreideprodukten sollten Sie Produkte wählen, die erwiesenermaßen einen niedrigen GI haben, vorzugsweise Vollkornsorten, die mehr Mikronährstoffe aufweisen. Leider sind immer noch nur sehr wenige Produkte mit dem Hinweis „niedriger GI“ gekennzeichnet. Im Zweifel wählen Sie kornreiche, festere Brote aus handwerklicher Fertigung. Pumpernickelbrot hat den niedrigsten GI aller handelsüblichen Brote (obwohl es nicht jeder gern isst!). Wenn Sie nicht selbst Brot backen, sind originale Sauerteigbrote mit *echtem* Sauerteig aus handwerklichen Bäckereien eine gute Alternative. Solche Brote haben einen niedrigen GI, weil der Gärprozess Milchsäure produziert. Sie gibt nicht nur dem Sauerteig seinen unverwechselbaren Geschmack, sondern verlangsamt auch die Magenentleerung sowie die Verdauungszeit im Körper. Je langsamer die Nahrung verdaut wird, desto weniger lässt diese den Blutzucker ansteigen und desto länger sättigt sie.

Denken Sie nicht, dass alle Vollkornbrote, insbesondere weiche, luftige Brote, die mit „Vollkorn" etikettiert sind, einen niedrigen GI haben. Der GI entspricht meist dem von Weißbroten, da sie aus fein ausgemahlenen Mehlen bestehen, oder aus einer Mischung von Vollkorn und raffiniertem Getreide.

Sicherlich überrascht es Sie, dass die meisten Pastasorten, ob aus Vollkorn oder Weißmehl, nur einen geringen GI haben. Vollkornpasta enthält mehr Nährstoffe, aber wenn sie Ihnen nicht schmeckt, müssen Sie sie nicht „ertragen" (der Essensgenuss hat Vorrang).

Die meisten Reissorten, ob polierter oder Naturreis, Lang- oder Mittelkorn, haben einen mittleren bis hohen GI, mit einigen wichtigen Ausnahmen: Der GI von Basmatireis, Doongara-Reis, industriell vorbehandeltem Parboiled-Reis und anderen schnellkochenden Reissorten im Kochbeutel ist niedrig, ebenso wie der von Sushi-Reis, unter anderem deshalb, weil er kalt gegessen wird.

Wählen Sie Frühstückszerealien mit bekannt niedrigem GI (wie All-Bran von Kellog's oder Zerealien mit dem Ballaststoff Psyllium (Flohsamenschalen). Wenn Sie im Winter gern heißen Haferbrei essen, meiden Sie Instantprodukte mit meist *wirklich* hohem GI. Besser ist Hafergrütze, die zwar länger garen muss, aber jede Minute wert ist.

Stärkehaltige Lebensmittel ganz weich zu garen erhöht deren GI. Kochen Sie Pasta und Reis daher immer nur al dente (zart, aber noch mit Biss). Zudem verwandelt das Abkühlen einen Teil der Stärke in resistente Stärke, die langsamer verdaut wird. Daher haben kalter Kartoffel- oder Reissalat einen niedrigeren GI als die heiß servierte Variante.

Zu guter Letzt sollten Sie auch auf den Zuckergehalt achten. Natürlich sind große Mengen Zucker nicht empfehlenswert, doch besteht kein Grund, Zucker strikt zu vermeiden. Die Weltgesundheitsorganisation (WHO) empfiehlt, nicht mehr als 10 Prozent der Gesamtenergie (der Kalorien) in Form freier Zucker zu sich zu nehmen, egal, ob es sich dabei um Rohrzucker, fruchtzuckerreichen Maissirup, Ahornsirup, Reissirup oder Honig handelt. Dies entspricht durchschnittlich einer Menge von 50 Gramm täglich, etwa 12 Teelöffeln, einschließlich dem zugesetzten Zucker in verarbeiteten Lebensmitteln wie zum Beispiel in Ketchup. Die Etiketten auf Lebensmitteln geben Auskunft über versteckte Zucker in verarbeiteten Produkten. Trotzdem sollten Sie Ihre Ration reinen Zucker am besten dafür verwenden, gesunde Lebensmittel wie Vollkornbrote und -brötchen (mit etwas Konfitüre) oder Ihre Haferzerealien (mit Rohrohrzucker oder Honig) noch genussreicher zu machen. Da viele handelsübliche Joghurts stark gesüßt sind, ist es gut, sie mit der gleichen Menge Naturjoghurt zu mischen. Dadurch erhalten Sie viel Kalzium, Eiweiß und andere Nährstoffe, ohne zu viel Zucker oder Kalorien aufzunehmen.

Die Tabelle auf Seite 49 bietet eine detaillierte Übersicht über Lebensmittel und ihre GI-Werte. Umfangreichere Listen finden Sie auch online (beispielsweise unter www.glycemicindex.com).

AUSTAUSCH VON KOHLENHYDRATEN MIT HOHEM GI UND SCHNELLER BLUTZUCKERWIRKUNG GEGEN KOHLENHYDRATE MIT NIEDRIGEM GI

LEBENSMITTEL MIT HOHEM GI	EMPFOHLENE ALTERNATIVE
Weißbrot (einschließlich Bagels und Burger-Brötchen)	Vollkornbrot, Brote mit Vollkornanteil oder Sauerteigbrote
Cornflakes, Weizenflocken	haferbasierte Vollkornzerealien (z. B. Overnight Oats) oder Produkte, die mit „niedriger GI" gekennzeichnet sind
Instant-Oatmeal (Haferbrei, Porridge)	Hafergrütze (Haferschrot)
Reis, einschließlich Langkornreis, Jasminreis, Sushi-Reis (Calrose)	Basmatireis, Sorten mit niedrigem GI
Jelly Beans, Gummibärchen	Nüsse und Trockenfrüchte
Cracker	ungesüßte Vollkorn-Haferkekse

EINFLUSSFAKTOREN AUF DEN GI-WERT VON LEBENSMITTELN

FAKTOR	MECHANISMUS	BEISPIELE
Stärke-verkleisterung	Beim Erhitzen/Einweichen in Wasser quillt die Stärke in stärkehaltigen Lebensmitteln, dadurch steigt der GI.	Al dente gekochte Pasta hat einen niedrigeren GI als zu weich gekochte Pasta.
Verarbeitung	Die ballaststoffreiche Schale von Samen, Bohnen und Getreide stellt eine physikalische Barriere gegen die Aufspaltung und Absorption von Kohlenhydraten dar.	Je unversehrter Getreide, Samen und Bohnen sind, desto niedriger ist ihr GI.
Teilchengröße	Je feiner die Teilchen sind, desto leichter können Wasser und Enzyme eindringen.	Fein gemahlenes Mehl hat einen höheren GI als grob- oder steingemahlene Sorten.
Zucker	Entgegen der Erwartung kann zugesetzter Zucker den GI stärkehaltiger Produkte sogar senken, da Zucker unter anderem deren Verkleisterung hemmt.	Rosinenbrötchen und andere süß schmeckende Sorten haben einen niedrigeren GI als normales Brot. Manche Zuckersorten in oder auf Frühstückszerealien dienen der Geschmacksaufwertung. Dies zählt allerdings zur täglichen Zuckerration von 12 Teelöffeln.
Säuregehalt	Herbe, saure und säurehaltige Lebensmittel führen zu einer langsameren Magenentleerung als Folge ihres chemischen Effekts auf den Ringmuskel Pylorus. Damit verlangsamt sich auch die Verdauung aller Kohlenhydrate im Darm, und man fühlt sich länger voll. Früher sagte man, diese Lebensmittel „bleiben an den Rippen haften".	Essig, Zitronensaft, Pickles, Sauerteigbrot usw. helfen, den GI einer Mahlzeit zu senken.
Fett	Auch fetthaltige Lebensmittel signalisieren dem Pylorus, den Magen langsamer zu entleeren. Als Ergebnis verlangsamt sich die Absorption der Kohlenhydrate, und man fühlt sich länger voll.	Kartoffelchips haben einen niedrigeren GI als gekochte Kartoffeln. In Olivenöl oder anderen ungesättigten Fettsäuren frittierte Sorten sind gesünder. Aber Vorsicht – man isst leicht zu viel davon.
Stärketyp	Es gibt zwei Stärketypen, die wegen ihrer Struktur unterschiedlich absorbiert werden (je nach Verkleisterungsgrad).	Basmatireis und andere Sorten haben einen niedrigeren GI als Klebreissorten wie Jasminreis (anderer Stärketyp).

VOLLKORNPRODUKTE UND IHR GI

Manche, aber nicht alle Vollkornprodukte haben einen niedrigen GI. Wählen Sie Produkte mit ganzen Körnern oder Schrot und lassen Sie Lebensmittel, die nur mit Vollkornmehl hergestellt wurden, im Regal. Am gesündesten sind minimal verarbeitete Produkte mit Hafer, Gerste, Quinoa, Flohsamenschalen und Chiasamen. Vollkornweizenbrot ist besser als Weißbrot, da es mehr Mikronährstoffe enthält. Optimal sind jedoch Brote mit hohem Ballaststoffanteil und niedrigem GI. Erhältlich sind sie im Bioladen oder im Naturkostregal von Supermärkten.

SO WÄHLEN SIE EIWEISS-REICHE PRODUKTE AUS

In unserem Programm macht Eiweiß 20 bis 30 Prozent der täglichen Kalorienmenge aus. Das ist optimal gegen eine Gewichtszunahme nach dem Abnehmen.

Neue Forschungen zeigen, dass Eiweiß stärker als Kohlenhydrate die Ausschüttung von Sättigungshormonen wie Cholecystokinin (CCK) stimuliert. Rezeptoren in der Magenschleimhaut nehmen die Ankunft von Essen war und senden über das Blut eine Reihe chemischer Signale (wie CCK) ans Gehirn, um anzuzeigen, dass die Verdauung beginnt. Die Magenentleerung verlangsamt sich, damit der Dünndarm die Nahrung in gleichmäßigem Tempo erhält.

Das wichtigste Sättigungshormon, das Peptidhormon GLP-1 (Glucagon-like Peptide 1), wird aus Zellen im unteren Dünndarm abgesondert. Abgespaltene Teile von Eiweiß und Fetten sind besonders wirkungsvolle Signale, um die Ausschüttung von GLP-1 vom Dünndarm in das Blut zu stimulieren. Nach dem Verzehr einer eiweißreichen Mahlzeit erreicht somit mehr GLP-1 das Gehirn und bewirkt, dass Sie sich satt fühlen.

Viel Eiweiß stellt also sicher, dass Sie gesättigt werden und daher eher mit dem Essen aufhören. Lebensmittel wie mageres Fleisch, Geflügel, Fisch, Eier und fettarme Milchprodukte sind sehr eiweißreich und unverzichtbar, um das angestrebte Kohlenhydrate-Eiweiß-Verhältnis zu erreichen, das im Zentrum dieser Ernährungsweise für lebenslange Gesundheit steht.

Stark empfohlen sind beispielsweise Meeresfrüchte, weißfleischige und fette Fischsorten, gehäutetes Geflügel, Hirsch- und Rehfleisch sowie mageres Schweine-, Lamm- und Rindfleisch. Kaufen Sie wenig oder nicht marmorierte, magere Stücke und entfernen Sie sichtbares Fett. Sie sollten auch reichlich gute, fettarme Milchprodukte zu sich nehmen. Diese sind ebenfalls eiweißreich und kalziumhaltig, was einen Teil des Fetts bindet. Unsere Mahlzeitenpläne enthalten vor allem Milch mit 0 oder 1 Prozent Fettanteil, fettarmen oder fettfreien griechischen Naturjoghurt und fettarmen Hüttenkäse.

Auch als Vegetarier oder Veganer können Sie Ihre Ernährung auf etwas mehr Eiweiß und weniger Kohlenhydrate ausrichten. Tofu – eine Eiweißquelle aus Sojabohnenbrei – kann dabei eine wichtige Rolle spielen. Hülsenfrüchte in jeder Form und Art sind hervorragend, da sie viel Eiweiß und Kohlenhydrate mit niedrigem GI enthalten. Ihr Kohlenhydrate-Eiweiß-Verhältnis ist sogar perfekt (etwa 2:1). Jedes Rezept mit Linsen, Erbsen oder Bohnen bringt Ihnen das Beste aus beiden Kategorien (viel Eiweiß *und* einen niedrigen GI).

In der Tabelle auf Seite 48 werden die Lebensmittel mit dem höchsten Eiweißgehalt aufgelistet. Damit können Sie beim Einkaufen die Lebensmittel wählen, die am besten sättigen und schlank machen.

WAS IST MIT BALLASTSTOFFEN?

Viele Untersuchungen zeigen, dass Ballaststoffe, die unverdaulichen Pflanzenteile, gut für die Sättigung sind und unser Mikrobiom, die Mikroflora des Verdauungssystems, nähren. Auch wir lieben Ballaststoffe, die ein wichtiger Bestandteil der Mahlzeiten in der nordischen Ernährungsweise sind. Die besten natürlichen Ballaststoffquellen sind Gemüse und Vollkorngetreide und bilden deshalb einen zentralen Punkt in unserem Programm. Für einen höheren Ballaststoffanteil können Sie beispielsweise Chiasamen über Ihre Gerichte streuen. Diese liefern reichlich lösliche, viskose Ballaststoffe, die die Verdauung aller Kohlenhydrate verlangsamen und unsere guten Mikroben füttern.

DAS MAGISCHE VERHÄLTNIS: DIE BESTE BALANCE ZWISCHEN EIWEISS UND KOHLENHYDRATEN FINDEN

Mit unseren Mahlzeitenplänen werden Sie wahrscheinlich weniger Kohlenhydrate, aber mehr Eiweiß zu sich nehmen als früher. Ein typischer Amerikaner verzehrt, ähnlich wie ein typischer Europäer, etwa 300 Gramm Kohlenhydrate und 100 Gramm Eiweiß täglich, was einem Kohlenhydrate-Eiweiß-Verhältnis von 3:1 entspricht. Eine durchschnittliche amerikanische Frau ernährt sich sogar noch kohlenhydratreicher: Sie isst etwa 225 Gramm Kohlenhydrate und 68 Gramm Eiweiß. Insgesamt sollten Ihre Mahlzeiten beziehungsweise Ihre Rezepte ein Kohlenhydrate-Eiweiß-Verhältnis von 2:1 oder *weniger* erzielen.

Praktisch bedeutet dies, dass jede 50-Gramm-Portion Kohlenhydrate (einschließlich die aus Gemüse und Obst) mit 25 Gramm Eiweiß ausbalanciert werden sollte. Genauso wichtig ist es, dass der Großteil oder sogar alle Kohlenhydrate einen niedrigen GI haben. Wenn Sie dieses optimale Verhältnis von Kohlenhydraten mit niedrigem GI zu Eiweiß einhalten, fühlen Sie sich besser gesättigt, überessen sich weniger leicht und können für immer ein gesundes Gewicht halten.

IST DAS VERHÄLTNIS SO IN ORDNUNG?

10 g Kohlenhydrate und 2 g Eiweiß = 10 / 2 = 5
(ZU VIELE KOHLENHYDRATE)

10 g Kohlenhydrate und 5 g Eiweiß = 10 / 5 = 2
(AUSGEZEICHNET – DAS IDEALE VERHÄLTNIS)

10 g Kohlenhydrate und 10 g Eiweiß = 10 / 10 = 1
(ZU VIEL EIWEISS, FÜR GELEGENTLICHE MAHLZEITEN IN ORDNUNG)

10 g Kohlenhydrate und 15 g Eiweiß = 10 / 15 = 0,66
(ZU VIEL EIWEISS)

Jedes eiweißreiche Lebensmittel in einer Mahlzeit hilft Ihnen, Ihr Eiweißziel zu erreichen. Sehen wir uns Joghurt als Beispiel an: Fettarme, ungesüßte Naturjoghurts enthalten etwa 6 Gramm Eiweiß und 6 Gramm Kohlenhydrate pro 100 Gramm – das ergibt ein Kohlenhydrate-Eiweiß-Verhältnis von 1:1. *Großartig, denken Sie jetzt vielleicht. Wenn ich den Joghurt so esse, ist das ja noch besser als das Zielverhältnis.* Ungesüßter Naturjoghurt ist jedoch nicht jedermanns Sache, und darüber hinaus gibt es in unserem Plan keinen Grund, Joghurt nicht so schmackhaft und angenehm wie möglich zu machen. Es geht nicht darum, ganze Lebensmittelgruppen wegzulassen oder Sie zu ermutigen, den entbehrungsreichen Pfad einer stark eiweißbetonten Ernährung zu gehen. Sie sollen kohlenhydratreiches Essen genießen – allerdings die richtige Sorte von Kohlenhydraten und im richtigen Verhältnis. Um das Verhältnis von 2:1 zu schaffen, müssen Sie also 6 Gramm Kohlenhydrate aus einer anderen Quelle zugeben; in diesem Fall als kleine Portion Obst und/oder Honig zum Joghurt. Achten Sie nur darauf, dass die gesamte Kohlenhydratmenge nie mehr als das Doppelte der Eiweißmenge beträgt.

Sie denken immer noch, das 1:1-Verhältnis (Kohlenhydrate : Eiweiß) sei besser als 2:1? Bei einem Mittag- oder Abendessen (z. B. Steak, Salat und eine kleine Kartoffel) mag das in Ordnung sein. Sie sollten jedoch für ein 2:1-Gesamtverhältnis über den Tag proportional mehr Kohlenhydrate essen. Die meisten Menschen genießen Kohlenhydrate wirklich sehr, insbesondere süße. Wenn Sie ganz darauf verzichten und durch Ihr Essen nicht zufriedengestellt werden oder sich eingeschränkt fühlen, könnte Ihr natürliches Verlangen Ihren ganzen Ernährungsplan aus der Bahn werfen. Wie wir in unseren Studien feststellten, ist ein Programm, das viel Aufopferung verlangt, kein Plan für das ganze Leben.

Hier ein konkretes Beispiel:

Ein gutes Frühstück

Obst (120 Gramm) und Joghurt (200 Gramm)

Das Obst liefert 12 Gramm Kohlenhydrate, aber 0 Gramm Eiweiß.

Der Joghurt liefert 12 Gramm Kohlenhydrate und 12 Gramm Eiweiß.

Der (Gesamt-)Kohlenhydratgehalt beträgt: 12 Gramm + 12 Gramm = 24 Gramm.

Der Eiweißgehalt beträgt: 0 Gramm + 12 Gramm = 12 Gramm.

Das Verhältnis Kohlenhydrate : Eiweiß beträgt 24:12 bzw. 2:1.

Wenn Sie mehr Energie benötigen (was ein typischer Mann wahrscheinlich tut), könnten Sie proportional mehr Obst und Joghurt essen (zum Beispiel 180 Gramm Obst und 300 Gramm Joghurt). Alternativ könnten Sie Beeren (als Kohlenhydrate) und Nüsse (als Eiweiß und Fett) ergänzen. Eine köstliche Mahlzeit, die perfekt ins Profil der nordischen Ernährungsweise passt.

Bezüglich der Menge sollten Sie sich von Ihrem natürlichen Appetit leiten lassen. Essen Sie mehr, wenn Sie das wollen, oder weniger. Versuchen Sie, wirklich auf Ihre Körpersignale zu *hören*. Wir haben für alle Rezepte im Buch das Verhältnis angegeben.

DAS TELLERMODELL DER NORDISCHEN ERNÄHRUNGSWEISE

Mahlzeiten im traditionellen Eiweiß-Kohlenhydrate-Gemüse-Stil können Sie nach dem folgenden Tellermodell zusammenstellen:

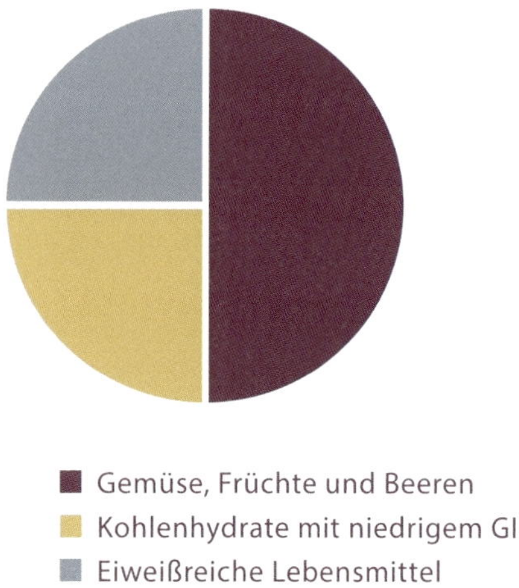

1. Gemüse, Früchte und Beeren sind für die Gesundheit unverzichtbar und sollten Hauptbestandteil der Mahlzeit sein – sie nehmen die Hälfte des Tellers ein!

2. Essen Sie zu jeder Mahlzeit Eiweiß – je nach Körpergröße 25 bis 30 Gramm. Alle Eiweißquellen sind gut, doch ist pflanzliches Eiweiß in vielfacher Hinsicht am besten, da es Ballaststoffe mitliefert.

3. Stärkehaltige Beilagen wie Reis, Pasta und Kartoffeln sind erlaubt. Ihre Gesamtmenge sollte jedoch nur etwa zwei Drittel des Eiweißvolumens ausmachen. Stellen Sie sicher, dass Sie Vollkornprodukte mit niedrigem GI wählen. Diese finden Sie in der Tabelle auf Seite 49.

Natürlich müssen Sie sich nicht bei jeder Mahlzeit sklavisch an das Tellermodell halten, aber es ist ein unkompliziertes Leitprinzip, insbesondere, wenn Sie auswärts essen. Unten finden Sie Beispiele für verschiedene Mahlzeiten des Tages, die einen höheren Eiweißgehalt und weniger Kohlenhydrate (mit niedrigem GI) als üblich enthalten – dies sind Tagespläne mit dem Verhältnis 2:1. Viele weitere Beispiele und Inspirationen geben Ihnen die Rezepte ab Seite 69.

Frühstück

- Skyr oder griechischer Naturjoghurt mit Beeren sowie zuckerfreiem Müsli, dazu Vollkorn-Knäckebrot mit fettarmem Käse und eine Orange
- Hafergrütze mit Apfel und Zimt, dazu ein Smoothie aus fettreduziertem oder fettfreiem griechischem Naturjoghurt
- Eine Scheibe Brot mit niedrigem GI mit Schinken und Spiegelei, dazu ein Milchkaffee aus fettarmer Milch

Vormittagssnack

- Gemüsesticks mit Hummus-Dip
- Eine kleine Handvoll Nüsse
- Eiweißriegel

Mittagessen

- Sandwich aus Brot mit niedrigem GI mit magerem Fleisch oder Hähnchen, grünen Blattsalaten und Pickles
- Krautsalat mit Zitrone, Honig, Feta und Hähnchen
- Brot mit niedrigem GI mit einer Portion Hummus, Räucherlachs und frischem Spinat

Nachmittagssnack

- Hüttenkäse mit Paprikaschoten und Staudensellerie
- Smoothie aus Beeren und fettreduziertem oder fettfreiem griechischem Naturjoghurt
- Milchkaffee aus fettarmer Milch

Abendessen

- Putenpfanne mit Gemüse und Vollkornpasta, dazu Avocadosalat mit Feta und Zuckererbsen
- Omelett mit Hühnerfleisch, Spargel und Tomaten, dazu grüner Salat
- Fischfilet mit Rote-Bete-Salat

Hinweis: Trinken Sie zu den Mahlzeiten bevorzugt Wasser und keine anderen Getränke wie Wein, Bier und Softdrinks. Die meisten Menschen bekommen beim Essen Durst, weil durch den Verdauungsprozess große Mengen an Enzymen und andere Fluide aus Blut und Gewebe in das Darmlumen (das Innere des Darms) übergehen. Der Großteil davon wird zwar wieder in den Körper resorbiert, doch in der Zwischenzeit ist es in Ordnung, Wasser zu trinken, wenn Sie Durst bekommen. Tatsächlich können Sie sich darauf verlassen, dass Ihnen das normale Durstgefühl immer anzeigt, wann und wie viel Sie trinken müssen.

IHRE NEUEN BESTEN FREUNDE: SKYR UND ROGGEN

Im Rezeptteil dieses Buchs werden Ihnen manche Lebensmittel immer wieder begegnen, entweder als Hauptzutat oder als wichtige Zugabe, die zum Rezept gehört und auch in der Nährwertübersicht berücksichtigt wird. Dazu gehören Skyr (das skandinavische Äquivalent zu griechischem Joghurt) und Roggenvollkornbrot. Da diese Zutaten die Hauptbausteine Ihres neuen Ernährungsplans werden, empfehlen wir, sie zu bevorraten, wenn Sie mit unserem Konzept starten. Skyr werden Sie bald (zusammen mit Hummus und hart gekochten Eiern) als unkomplizierte, effiziente und fettarme Möglichkeit schätzen, um eine Mahlzeit mit etwas zu vielen Kohlenhydraten eiweißreicher zu machen. Umgekehrt ist die Aufnahme von herzhaftem Roggenvollkornbrot in den Speiseplan eine einfache Methode, um gesunde Kohlenhydrate mit niedrigem GI zu einer Eiweiß-Gemüse-Mahlzeit hinzuzufügen, die so besser sättigt.

Skyr ist in ganz Skandinavien ein Frühstücksklassiker, der auch bei uns immer besser erhältlich ist. 150 Gramm haben nur 100 Kalorien und enthalten typischerweise 17 Gramm Eiweiß, was den Werten von fettarmem griechischem Joghurt entspricht. Skyr ist auch praktisch, um Saucen, Dressings, Salaten und Desserts eine eiweißreiche, cremige Komponente zu verleihen, und gibt es mittlerweile von verschiedenen heimischen Molkereien. Wählen Sie immer Natur-Skyr ohne Geschmack, da Fruchtzusätze und andere Aromen dieses ausgezeichnete Produkt unweigerlich mit Kohlenhydraten und Kalorien anreichern. Wenn Sie Natur-Skyr süßen wollen, weil Sie ihn „pur" essen wollen, rühren Sie besser einen Teelöffel Honig hinein.

Roggenbrote mit ganzen Körnern (oder Roggenvollkornschrot) und niedrigem GI sowie Pumpernickel sind ebenfalls traditionelle beliebte Produkte Skandinaviens. Das sind auch die Brote, die wir für unsere Ernährungspläne favorisieren. Wir sprechen dabei nicht über weiche, luftige Roggenbrote, wie sie in den USA vielerorts erhältlich sind; solche Brote werden oft mit raffiniertem Weizenmehl und nur geringem Roggenanteil (sowie Farbstoffen) gebacken. Die typisch europäischen Vollkornbrote haben eine feste, dichte Krume, sind dünn aufgeschnitten und stecken voller geschroteter Getreidekörner. Ihre Farbe rangiert von goldbraun bis fast schwarz. Diese Brote haben Biss und machen satt – sie sind nicht nur „Füllstoff". Achten Sie auf dem Etikett darauf, dass der Hauptbestandteil Roggenvollkornschrot und/oder Roggenvollkornmehl ist. In den meisten Supermärkten gibt es sie abgepackt im Brotregal.

Andere wichtige Lebensmittel für die „nordische Speisekammer" sind Konserven mit Fisch (reich an Omega-3-Fettsäuren, z. B. Sardinen oder Makrelen), Kichererbsen, Mandeln, Haselnusskerne, Roggenkörner und -flocken, Tortillas mit niedrigem GI sowie Basmatireis.

WARUM EMPFEHLEN WIR *FETTARME* MILCHPRODUKTE?

Viele Beobachtungsstudien legen nahe, dass es für das Risiko von Herz-Kreislauf-Erkrankungen oder Diabetes nicht viel Unterschied macht, ob man vollfette oder fettreduzierte Milchprodukte zu sich nimmt. Keine Studie empfiehlt jedoch, Butter, Sahne und Käse völlig unbekümmert zu verzehren. Unsere Leitlinien basieren auf den wissenschaftlich bewiesenen Ergebnissen der DiOGenes-Studie. Der Ernährungsplan mit der besten Wirkung auf Gewicht und Herz-Kreislauf-System (Verminderung des kardiovaskulären Risikos) bezog 30 Prozent der Kalorien aus Fetten mit weniger als 10 Prozent gesättigten Fettsäuren. Durch eine leichte Reduktion der Kohlenhydrate erhöhten wir den Eiweißanteil. Manche dieser Kohlenhydrate könnte man sicherlich durch gesunde Fette wie die Öle in Nusskernen, Mandeln und Avocados ersetzen, oder durch Raps- und Olivenöl sowie Käse und vollfette Sauermilchprodukte. Wir empfehlen jedoch, dass Sie dem DiOGenes-Prinzip folgen, das den Schwerpunkt auf Lebensmittel wie Fisch, Hühner- und Schweinefleisch sowie Eier legt, da dies zusätzlich herausragende Eiweißlieferanten sind. Um mit dem Verhältnis von Eiweiß zu Kohlenhydraten jonglieren zu können und dennoch das Fettbudget einzuhalten, raten wir zu fettärmeren Milch- und Fleischprodukten.

WISSENSWERTES RUND UM VOLLKORNGETREIDE

„Essen Sie mehr Vollkornprodukte!" Diesen Spruch kennen Sie vielleicht. Leider unterscheidet er nicht zwischen fein gemahlenem Vollkorn und ganzen Körnern, obwohl beides völlig unterschiedlich auf den Körper wirkt. Vollkorn ist zwar immer besser als raffiniertes Getreide, Vollkornprodukte mit ganzen Körnern sind aber bei Weitem die beste Wahl. Sie haben meist einen niedrigeren GI und sind daher gut für Sättigung und Gewicht. Dazu können sie helfen, Herz-Kreislauf-Erkrankungen und bestimmte Krebsarten vorzubeugen.

Die Unterschiede zwischen Produkten aus fein vermahlenem Vollkorn und solchen mit ganzen oder geschroteten Körnern sowie deren Gesundheitseffekte ergeben sich daraus, wie sie auf den Blutzucker wirken. Brote aus sehr fein vermahlenem Vollkornweizenmehl erhöhen den Blutzucker so schnell und stark wie Weißbrote – sie haben also einen hohen GI, obwohl sie Vollkornprodukte sind, und das tut weder Ihrem Energiepegel noch Ihrem Verlangen nach Süßem gut. Vollkornbrote mit niedrigem GI sind hingegen eine Klasse für sich.

Neue Studien der Universität Lund in Schweden verglichen die Sättigungswirkung ganzer und gemahlener Gerstenkörner. Nach einer Portion gekochter ganzer Körner zum Abendessen fühlten sich die Teilnehmer bis zu 16 Stunden satt. Folglich nahmen sie zum Frühstück und Mittagessen des nächsten Tages weniger Kalorien zu sich. Wenn die Körner zu Mehl vermahlen waren, nahm das Sättigungsgefühl jedoch ab. Diese starke Wirkung zeigte sich nicht nur bei Gerste, sondern auch bei anderem Getreide wie Weizen und Hafer.

Der deutliche Unterschied bei der Aufnahme ganzer Körner und dem Mehl daraus ergibt sich dadurch, dass die Verdauungsorgane des Körpers wirklich (schwer) arbeiten müssen, um intakte Körner aufzubrechen. Die Außenschale der Körner besteht aus zähen Ballaststoffen, die das Korn schützen und besonders lange verdaut werden müssen. Bei gemahlenem Getreide nimmt der Körper die Nährstoffe schneller auf, was die schlechtere Langzeitsättigung bewirkt. Dazu steigt der Blutzuckerspiegel schneller an und fällt dann wieder. Dieser Achterbahneffekt kostet Energie, macht hungrig und kann das Risiko für lebensstilbedingte Erkrankungen erhöhen.

Unsere Empfehlung ist daher: Wählen Sie so oft wie möglich Getreideprodukte mit maximalem Vollkornanteil sowie Vollkornprodukte aus ganzen, unversehrten Körnern.

EIWEISSREICHE LEBENSMITTEL

TIERISCHE HERKUNFT	EIWEISS (IN G) PRO 100 G
mageres Rindfleisch	21,6
mageres Lammfleisch	20,4
mageres Hühnerfleisch	20,4
mageres Putenfleisch	21,9
mageres Schweinefleisch	21,1
weißfleischiger Fisch	21,1
Lachs (frisch)	20,2
Lachs (Konserve)	21,9
Lachs (geräuchert)	25,4
Ölsardinen (Konserve)	23,7
Thunfisch (Konserve)	22,8
Garnelen	22,6
Austern	10,8
Jakobsmuscheln	23,2
Käse (Parmesan)	35,1
Käse (Cheddar)	25,4
Hüttenkäse	13,6
Joghurt	5–8
Milch, fettarm	3,7
Ei	13,2 (etwa 6 g pro Ei)
PFLANZLICHE HERKUNFT	
Mandeln	16,9
Mandelmus	8,8
Paranusskerne	12,0
Erdnusskerne	24,3
Erdnussbutter	22,6
Cashewkerne	15,3
Walnusskerne	15,4
Linsen	7,6
Kichererbsen	8,0
Hummus	7,7
Baked Beans in Tomatensauce	5,1
Tofu	7,9

WERTE DES GLYKÄMISCHEN INDEX (GI) BEI GÄNGIGEN KOHLENHYDRATBASIERTEN LEBENSMITTELN

Ein GI-Wert von 55 oder weniger gilt als niedrig. GI-Werte von 70 und höher gelten als hoch. Lebensmittel mit mittlerem GI (56–69) können dennoch zur Senkung des durchschnittlichen GI-Werts der Ernährung beitragen, besonders, wenn sie Lebensmittel mit GI-Werten über 80 ersetzen.

KOHLENHYDRATREICHE LEBENSMITTEL			
Weißbrot	70–75	polierter Reis	73
Vollkornweizenbrot (fein*)	74	Naturreis	68
hefefreies Weizenbrot	68	Gerste	28
dunkles Roggenbrot (fein*)	76	Zuckermais	52
helles Roggenbrot	68	Spaghetti, Weizen	49
Vollkornroggenbrot (grob*)	46–62	Spaghetti, Vollkornweizen	48
Pumpernickel	50	Reisnudeln	53
Maistortillas	46	Couscous	65
MILCHPRODUKTE UND ALTERNATIVEN			
Milch, vollfett	27–31	Naturjoghurt, fettarm	20–35
Milch, fettarm	30–34	Sojamilch	34
Vanilleeiscreme, fettarm	36	Reismilch	92
FRÜHSTÜCKSZEREALIEN			
Cornflakes	81	All-Bran (Kellog's)	50
Weizenschrot	75	Kleieflocken	74
Hafergrütze	52	Müsli	40
Instant-Haferbrei	79		
GEMÜSE**			
grüne Erbsen	51	Pommes frites	63
Zuckermais	46	Möhren, gedämpft	39
Kartoffeln, Sorte: Russet, mehligkochend	85	Süßkartoffeln, gebacken	46–65
Kartoffeln, Sorte: Carisma™	53	Butternusskürbis	51
Instant-Kartoffelpüree	97		
HÜLSENFRÜCHTE (KONSERVEN)			
Kichererbsen	28	Sojabohnen	16
Kidneybohnen	24	Baked Beans	49
Linsen	32		

FRÜCHTE UND FRUCHTZUBEREITUNGEN			
Apfel	36	Pfirsiche (Konserve)	43
Orange	43	Erdbeerkonfitüre/-gelee	49
Banane	51	Apfelsaft	41
Ananas	59	Orangensaft	50
Wassermelone#	76	Sultaninen	56
Datteln	39–45	Rosinen	56
Dörrpflaumen	40		
ZUCKER			
Agavendicksaft	19	Sirup mit Ahornaroma	68
Haushaltszucker	65	Maissirup	90
Ahornsirup, pur	49	Honig	61
SNACKPRODUKTE			
Milchschokolade	45	Maischips	74
Bitterschokolade	23	Softdrinks	59
Kartoffelchips	56	Reiscracker	87

Weitere Produkte und deren GI-Werte finden Sie online unter www.glycemicindex.com.

Ein praktisches Taschenbuch zu diesem Thema ist *The Shoppers Guide to GI Values* von Jennie Brand-Miller und Kaye Foster-Powell (Da Capo, 2015).

Mit Sternchen (*) markierte Brote sind aus feinem Vollkornmehl gebacken. Sie enthalten zwar Ballaststoffe, die Körner sind aber fein vermahlen. Dadurch sind die Mikronährstoffe des ursprünglichen Korns vorhanden, diese werden aber schneller verdaut, da ihre Stärke voll verkleistert ist. Dicht nebeneinanderliegende ganze Körner im Brot weisen auf einen niedrigen GI hin.

Wassermelone und andere Melonensorten haben einen hohen GI, enthalten aber wenig Kohlenhydrate. Damit ist ihre glykämische Last (GL) gering, und sie sind trotzdem für eine gesunde Ernährung mit niedrigem GI geeignet. Auch Erdbeeren und andere Beeren sind kohlenhydratarm. Sie können davon so viel essen, wie Sie möchten.

** Die meisten grünen, roten, gelben und orangen Gemüsesorten haben ebenfalls nur wenig Kohlenhydrate (und sehr wenig Kalorien). Das bedeutet, ihre glykämische Last (GL) ist gering und sie enthalten viele Mikronährstoffe. Sie sollten daher unbedingt Teil einer gesunden Ernährung mit niedrigem GI sein. Stärkehaltige Gemüsesorten wie Kartoffeln und Süßkartoffeln sind hingegen kohlenhydratreich. Die meisten Kartoffelsorten haben einen sehr hohen GI. In Australien gibt es allerdings seit Neuestem auch Sorten mit niedrigem GI wie die Sorte Carisma™.

Hoffentlich haben wir Sie nun davon überzeugt, dass Ihnen die nordische Ernährungsweise und ihr ideales 2:1-Verhältnis helfen wird, nicht mehr zu viel zu essen und ein gesundes Körpergewicht zu halten. Aber es gibt weitere Vorteile.

EIN FLACHERER BAUCH

Viele Menschen haben Mühe, am Bauch abzunehmen, was neben Fettabsaugungen und plastischer Chirurgie zu zahlreichen fragwürdigen „Flacher-Bauch"-Diäten führte. Glücklicherweise müssen Sie für einen flacheren Bauch lediglich die richtigen Lebensmittel mit etwas Training paaren. Ein dickerer Bauch wird oft durch eine Kombination aus zu viel Unterhautfett, einer schlaffen Bauchdecke und zu viel Fett um die Bauchorgane herum verursacht.

Besonders bei Frauen, die Kinder geboren haben, ist die Bauchdecke häufig schlaff. Doch kann dies auch auf jeden über Dreißigjährigen zutreffen, der seine Bauchmuskeln nicht regelmäßig trainiert. Den leichtesten Erfolg schaffen daher tägliche Bauchübungen für die Körpermitte, ein sogenanntes Core-Training. Regelmäßige einminütige Planks (Unterarmstütze) können Wunder wirken!

Der nächste Schritt ist eine regelmäßige körperliche Betätigung, da auch dies die Fettmenge in der Bauchdecke ziemlich effektiv verringert. Seien Sie zwei- bis dreimal pro Woche körperlich aktiv und steigern Sie dabei Ihre Herzfrequenz. Die Hälfte der Zeit sollte sie so hoch sein, dass Sie nicht gleichzeitig sprechen können. Das kann jede Sportart von Zumba bis zu Jogging und Peak 8 Training sein oder alles andere, das Sie ins Schwitzen bringt. Einige Studien empfehlen, nicht alleine zu trainieren, um am Ball zu bleiben, aber das muss natürlich auch immer in Ihren Alltag passen.

Darüber hinaus raten wir dazu, vor und während der Mahlzeiten besser Wasser als Alkohol zu trinken. Es erhöht die Sättigung und macht es leichter, unbewusst weniger Kalorien zu essen. Heben Sie sich alkoholische Getränke daher für die Cocktailstunde auf, nicht für das Abendessen.

DIE NORDISCHE ERNÄHRUNGSWEISE WIRD IHNEN ZU EINEM FLACHEREN BAUCH VERHELFEN!

Neben Ihrer körperlichen Aktivität hat auch die nordische Ernährungsweise wegen ihres Eiweißgehalts eine Schlankheitswirkung auf den Bauch. Wenn Sie dies noch steigern möchten, sollten Sie sicherstellen, dass jede Mahlzeit des Tages das richtige Eiweißverhältnis hat. Mit Produkten wie griechischem Joghurt (mit höherem Eiweißgehalt) oder noch besser Skyr, fettärmerem Käse (z. B. Hüttenkäse) und fettarmer Milch steigern Sie den Gewichtsverlust um den Bauch herum. Wir wissen nicht genau, warum Milchprodukte für den Verlust von Bauchfett scheinbar besser geeignet sind als andere eiweißreiche Quellen wie Fisch, Fleisch und Bohnen, doch weisen mehrere Studien in diese Richtung. Aber keine Angst, wenn Sie Milchprodukte nicht vertragen oder nicht essen wollen. Allein, wenn Sie sich nach den Prinzipien unseres Programms ernähren, wird das eine tolle Wirkung auf Ihr Bauchfett haben.

Ein Teil des Fetts auf der Innenseite der Bauchdecke wird verbrannt und verschwindet, wenn Sie Kohlenhydrate durch Eiweiß ersetzen. Und genau das tun Sie, wenn Sie nach den Prinzipien der nordischen Ernährungsweise essen. Sie können diesen Prozess aber noch weiter beschleunigen, indem Sie Fruchtsäfte und Softdrinks vermeiden und anstatt dessen Milch trinken. In den Versuchen, die wir in Zusammenarbeit mit Professor Bjørn Richelsen von der Universität Aarhus in Dänemark durchführten, zeigte sich, dass übergewichtige Personen, die fettarme Milch anstatt Cola tranken (in der gleichen Kalorienmenge) deutlich an Bauchfett verloren. Das gleiche Ergebnis könnten Sie auch mit einem Eiweißdrink aus Molke, Erbsen oder Reis erzielen, wenn Sie nicht gern Milch trinken oder diese nicht vertragen. Das zuckerhaltige Getränk erhöhte das Bauchfett bei den Probanden, während es die Milch verringerte. Die Ergebnisse wurden in der Fachzeitschrift *American Journal of Clinical Nutrition* veröffentlicht und erregten international große Aufmerksamkeit.

VIER WEGE ZU EINEM FLACHEREN BAUCH

1. Übungen zur Stärkung der Bauchmuskulatur
2. Fitnesstraining zur Reduktion des Bauchfetts
3. Alle Mahlzeiten des Tages nach der nordischen Ernährungsweise mit optimalem Eiweißgehalt gestalten
4. Stark zuckerhaltige Getränke durch Getränke mit hohem Eiweißgehalt ersetzen (z. B. fettarme Milch)

WIE HOCH IST DER FETTANTEIL IHRES KÖRPERS?

Im hektischen, betriebsamen Alltag kann es schwer sein, gesund zu leben und sich um sein Gewicht zu kümmern. Eine wichtige Erfolgsvoraussetzung ist ein realistisches Ziel für Ihr Wunschgewicht. Was ist tatsächlich möglich? Und wie schlank wollen Sie wirklich sein? Manche Menschen haben den unrealistischen Ehrgeiz, ein Gewicht zu erreichen, bei dem sie über jeden Bissen nachdenken müssen. Das hat natürlich Folgen für die Lebensqualität. Es gibt keinen perfekten Body Mass Index (BMI, auch Körpermasseindex), der für alle passt. Gesund und schlank ist der Körper, mit dem Sie sich wohlfühlen.

Der BMI ist ein nützlicher allgemeiner Wert zur Beurteilung des Körpergewichts – mit einem Wert von unter 25 ist man gesund, mit 25 bis 30 übergewichtig, und ist der Wert über 30, gilt man als fettleibig. Allerdings zeichnet er kein wahres Bild des Körperfettanteils (KFA). Fitnessstudios bieten Körperfettmessungen mit verschiedenen Geräten an, die leichten Strom durch Hände und Füße leiten und so die Leitfähigkeit des Körpers messen. Die gemessenen Werte zeigen den Körperfettanteil ungefähr an, aber nur aufgrund der Gleichung, mit der sie berechnet werden – das können Sie zu Hause umsonst machen! Mit einem Taschenrechner gehen Sie so vor:

BERECHNUNG DES FETTANTEILS (KG) FÜR MÄNNER:

[(1,452 × Gewicht in kg) – (0,66 × Größe in cm) – (0,044 × Alter) + 43,6] / 2,2

BERECHNUNG DES FETTANTEILS (KG) FÜR FRAUEN:

[(1,452 × Gewicht in kg) – (0,66 × Größe in cm) – (0,044 × Alter) + 68,6] / 2,2

Beispiel:

Eine 55-jährige Frau wiegt 75 kg und ist 165 cm groß.

Fettanteil (kg) = [(1,452 × 75 kg) – (0,66 × 165 cm) – (0,044 × 55) + 68,6] / 2,2

Vergessen Sie nicht, zuerst die Zahlen in den Klammern miteinander zu multiplizieren, bevor sie subtrahiert, addiert und schließlich dividiert werden.

Nach dieser Formel beträgt der Körperfettanteil der Frau:
(108,9 – 108,9 – 2,4 + 68,6) / 2,2 = 30 kg.

Dies bedeutet, dass 30 kg der 75 kg Körpergewicht aus Fett bestehen.

Es kann nützlich sein, das Fettmassegewicht zu kennen, aber Sie würden dann wahrscheinlich auch wissen wollen, was normal ist. Das ist schwer zu sagen, da es von Geschlecht, Alter und Körpergröße abhängt. Der Körperfettanteil in Prozent ist hierfür der praktischere Wert.

(Fettanteil (kg) × 100) / Gewicht (kg) =

Körperfettanteil in Prozent

Fügen Sie den Fettanteil und das Gewicht des Beispiels oben ein:

(30 kg × 100) / 75 kg

Körperfettanteil = 40 %

Leichtes Übergewicht haben Männer mit einem Körperfettanteil zwischen 20 und 25 Prozent und Frauen mit einem Anteil zwischen 30 und 35 Prozent. Richtiges Übergewicht haben Männer mit einem Körperfettanteil, der höher als 25 Prozent ist, und Frauen mit über 35 Prozent Körperfett.

Bei einem BMI unter 25 oder 26 berechnet die Formel allerdings oft einen zu hohen Körperfettanteil. Wenn Sie also wenig wiegen, ist es für Sie besser, nur nach dem BMI, dem Taillenumfang und natürlich nach dem Spiegel zu gehen. Bei einem BMI zwischen 18,5 und 25, nach dem Sie sehr schlank sein sollten, können Sie überlegen, ob ein mit der Formel errechneter hoher Körperfettanteil bei Ihnen auf viel Muskelmasse und/oder einen starken Knochenbau zurückzuführen ist oder ob Sie trotz des normalen BMI dennoch zu viel Fett am Körper haben. In diesem Fall ist der Spiegel tatsächlich ein besseres Maß als teure Maschinen, Scanner oder Formeln.

Selbst ein hoher Körperfettanteil ist nicht unbedingt nachteilig für die Gesundheit. Wenn sich das Fett am „richtigen" Platz befindet, also an Beinen, Hüfte und Oberschenkeln (Birnenform), ist es nicht so schädlich, wie wenn es sich um den Bauch und damit um die lebenswichtigen Organe angesammelt hat (Apfelform). Die Gesundheitsvorteile einer Gewichtsabnahme sind definitiv am höchsten, wenn Sie eher um die Körpermitte herum gut gepolstert sind.

IST ALKOHOL GESUND?

Wenn Sie keinen Alkohol trinken, können Sie diesen Abschnitt überspringen, denn aus Gesundheitsgründen sollte niemand damit anfangen. Wenn Sie ab und zu gern ein Gläschen Wein trinken, sollten Sie weiterlesen.

Vielleicht haben Sie gehört, dass Wein gesünder als Bier ist, weil er verschiedene Anti-Aging-Stoffe enthält. Eventuell haben Sie das auch schon einmal als gutes Argument für drei oder vier Gläser am Abend genutzt? Das einzige, wissenschaftlich belegte Problem dabei: Sie müssten mindestens 14 Gläser täglich trinken, um eine ausreichende Menge der gesundheitsfördernden Substanzen zu konsumieren. Das ist einfach zu viel Alkohol und würde Ihrem Körper schaden.

WAS IST BEKANNT?

Mehrere Bevölkerungsstudien, einschließlich einer großen dänischen Untersuchung, haben ergeben, dass Menschen, die lieber Wein trinken, ein geringeres Risiko für Herz-Kreislauf-Erkrankungen haben als Biertrinker. Das hört sich danach an, dass Wein gesünder ist, doch im Vergleich aller weltweiten Studien zu diesem Thema erwiesen sich mäßige Mengen Bier und Wein gleichermaßen als gesund. In manchen Ländern leben Weintrinker allgemein gesundheitsbewusster als Biertrinker – diesen Vorteil bringen aber *nicht* Alkohol oder Wein, sondern andere Dingen in deren Leben wie eine gesündere Ernährung und mehr körperliche Aktivität. Wein ist also nicht gesünder als Bier, und mäßig genossen scheint beides das Risiko für Diabetes, Herz-Kreislauf-Erkrankungen sowie Demenz gleich stark zu senken. Das liegt daran, dass Alkohol den HDL-Cholesterinwert (High Density Lipoprotein, das „gute Cholesterin") im Blut erhöht, die Blutgerinnung senkt und die Insulinempfindlichkeit steigert. Heißt das, Alkohol ist erlaubt? Aber sicher. Wenn Sie sich dabei an moderate Mengen halten, befinden Sie sich auf der gesunden Seite.

WIE VIEL IST ZU VIEL?

Nach den Richtlinien der Deutschen Gesellschaft für Ernährung (DGE) gilt: Gesunde Frauen dürfen 10 Gramm Alkohol pro Tag (das entspricht etwa 0,25 Litern Bier oder 0,1 Litern Sekt), gesunde Männer 20 Gramm Alkohol pro Tag (0,5 Liter Bier, 0,25 Liter Wein oder 0,06 Liter Weinbrand) konsumieren. Als einfache Faustregel kann man sich merken, dass Frauen ein Standardglas,

Männer bis zu zwei Standardgläser Alkohol pro Tag zu sich nehmen dürfen. Mehr steigert das Risiko für lebensstilbedingte Erkrankungen wie Übergewicht und Krebs. Außerdem steigen die Gesundheitsvorteile von Alkohol, wenn Sie ihn gleichmäßig über die Woche verteilt trinken, anstatt große Mengen auf einmal, zum Beispiel am Wochenende.

BIER ODER WEIN?

Obwohl Wein so einen guten Ruf hat, deuten mehrere Faktoren darauf hin, dass Bier (bei Konsum gleicher Menge) etwas gesünder ist. 100 Milliliter Bier haben 45 Prozent weniger Kalorien als 100 Milliliter Wein sowie eine etwa 60 Prozent geringere Alkoholdichte. Dazu enthält Bier eine Reihe gesunder B-Vitamine. Bei leichtem oder alkoholfreiem Bier nehmen Sie sogar noch weniger Kalorien bei fast gleich gutem Geschmack zu sich.

KRÄUTER UND GEWÜRZE

Kräuter und Gewürze gelten als Wundermittel, die alles von Krebs und Übelkeit bis zu Liebeskummer heilen sollen. Diese Sensationsgeschichten haben viele Quellen, von Labortests bis zu alternativen Heilmethoden.

Kräuter und Gewürze enthalten eine Reihe von sekundären Pflanzenstoffen (Phytochemikalien), die möglicherweise auf die Gesundheit wirken. In der Pflanze haben sie die biologische Funktion, vor den ultravioletten Strahlen der Sonne sowie vor Übergriffen von Nagern, Pilzen und Bakterien zu schützen. Je rauer die Wachstumsbedingungen von Kräutern sind, desto mehr sekundäre Pflanzenstoffe enthalten sie. Manche können nährstoffreich sein, andere wirken aber sogar gegenteilig – natürliche Gifte wirken bekanntermaßen negativ auf Mensch und Tier (z. B. Goitrogene oder strumigene Substanzen, die zu einer Vergrößerung der Schilddrüse führen).

Die meisten von uns verzehren Kräuter und Gewürze jedoch nur in so geringen Mengen, dass sie gesundheitlich kaum von Bedeutung sind. Sie schmecken natürlich wunderbar, da sie unseren Mahlzeiten Aroma und Geschmackstiefe verleihen. Wir verwenden sie frisch und reichlich, doch sollte hier jeder seine eigene Dosierung finden und sich nicht gezwungen fühlen, Kräuter und Gewürze aus Gesundheitsgründen essen zu müssen.

EIN WORT ZU NACHHALTIGKEIT

Die Ressourcen unseres Planeten sind begrenzt, und der Mensch belastet sie derzeit bis an seine Grenzen. Das tun auch Paläodiäten (Steinzeitdiäten) und andere Programme, die auf *sehr viel* Eiweiß und nur wenig Kohlenhydraten basieren.

Neue Studien zeigen jedoch, dass die Treibhausgasemissionen für Fleischsorten wie Schwein und Huhn wesentlich geringer sind als die von Rind. Schwein, Huhn und Ei ähneln pro Kalorie sogar der Umweltwirkung von Obst und Gemüse. Auch viele der in unseren Rezepten empfohlenen Fischarten sind noch reichlich und aus nachhaltigen Quellen vorhanden. Sardinen, Makrelen und Lachs aus biologischer Zucht sind gute Optionen, welche die Gesundheit der Meere nicht gefährden.

Kurz gesagt: Durch den *mäßig* höheren Eiweißverzehr und den moderaten Kohlenhydratanteil aus pflanzlichen Lebensmitteln und dadurch, dass unser Programm Ihnen hilft, lebenslang ein geringeres und gesundes Gewicht zu halten, reduzieren Sie Ihren CO_2-Fußabdruck und tun das Beste für sich und zukünftige Generationen.

EIWEISS MACHT SCHLAUER

Es stimmt – eine Ernährung mit hohem Eiweißanteil ist gut für die geistigen Fähigkeiten! Ein Experiment in Arnes Labor, in dem er junge Männer auf eine eiweißreiche Diät setzte, ergab eine enorme Verbesserung ihrer mentalen Leistung. 23 Männer zwischen 19 und 31 Jahren wurden dafür in zwei Gruppen aufgeteilt. Die erste Gruppe aß drei Wochen lang Lebensmittel mit dem Eiweißgehalt, den sie gewohnt war. Die zweite verzehrte doppelt so viel Eiweiß, vor allem aus Milch und Fleisch. Ein Computertest zeigte, dass die Fehlerquote in der zweiten Gruppe abnahm und das Tempo stieg, in dem sie richtige Antworten lieferte. Dazu schnitten die Probanden dieser Gruppe in einem

Orientierungstest mit einfachen Fragen zu Zeit und Ort besser ab. Die Optimierung der Gehirnfunktion ließ sich durch den Anstieg spezieller Eiweißbausteine, der Aminosäuren, im Blut erklären, der gleichzeitig mit der gesteigerten Eiweißaufnahme stattfand. Man nimmt an, dass die Aminosäuren den Anteil an Neurotransmittern im Gehirn steigern können, was schnellere Gehirnreaktionen ermöglicht. Frühere Studien dazu waren nur eintägig. Damit war diese Studie die erste, welche die entscheidende Wirkung einer langfristigen Eiweißerhöhung nachwies. Die meisten staatlichen Ernährungsempfehlungen für Kalorien, Fett, Kohlenhydrate und Eiweiß sind auf das Vermeiden von Fettleibigkeit, Diabetes und Herz-Kreislauf-Erkrankungen ausgerichtet. Es ist zu hoffen, dass diese Studie hilft, geistige Leistungsfähigkeit als wichtigen Pluspunkt einer eiweißreichen Ernährungsweise bekannt zu machen.

TEIL 3

MAHLZEITEN-PLÄNE UND REZEPTE

LASSEN WIR NUN DIE THEORIE HINTER UNS UND BEGINNEN WIR, MAHLZEITEN MIT DEM idealen Kohlenhydrate-Eiweiß-Verhältnis von 2:1 zu kreieren. Keine Angst, wenn Sie sich noch nicht trauen, die Prinzipien der nordischen Ernährungsweise selbst umzusetzen: Hier finden Sie einen vierwöchigen Plan, den Sie zunächst als Entwurf für Ihr neues Ernährungskonzept nutzen können.

Obwohl dieser Ernährungsplan so konzipiert ist, dass Sie keinen Hunger und Mangel empfinden sollten, „reagiert" Ihr Körper vielleicht auf die neue Ernährungsweise. Sie haben möglicherweise Hunger, fühlen sich müde und schlafen mehrere Tage schlechter. Dies sind völlig normale Reaktionen auf eine Ernährungsumstellung. Stellen Sie sich das wie einen Frühjahrsputz vor: Wenn man mittendrin steckt, macht er meist keinen Spaß, doch die Freude und das Gefühl, die ein sauberes Haus vermittelt (in diesem Fall Ihr Körper), sind erstaunlich. Halten Sie also durch. Es ist *nicht* leicht, die gewohnte Ernährungsweise zu ändern, da ungesunde Versuchungen, Abendessen mit Freunden und die alten Gewohnheiten nur darauf warten, Ihre guten Absichten zu unterwandern.

Widmen Sie die ersten vier Wochen der Gewichtskontrolle ganz Ihrem Wohlbefinden. In dieser Zeit beweisen Sie sich und Ihrem Körper, dass Sie es ernst damit meinen und dass die natürlichen Auswirkungen von gesundem Essen und sportlicher Aktivität auf den Körper langfristig sein werden. Er kann sich also gern daran gewöhnen! Wir versprechen Ihnen, dass Sie das Gefühl von Energie und Wohlbefinden genießen werden – ganz zu schweigen von der wohlgesonnenen Waage, die anzeigt, dass Sie unerwünschte Kilos im Zaum halten!

Stellen Sie die Zubereitung der gesunden, einfachen Mahlzeiten aus den Ernährungsplänen in den Mittelpunkt und halten Sie die ersten Wochen so unkompliziert wie möglich – ohne 20 Abendeinladungen mit Gästen oder Auswärtsaktivitäten. Sie sollten konsequent sich selbst und die Bedürfnisse Ihres Körpers an die erste Stelle rücken, während Sie sich an Ihr neues Leben gewöhnen. Im Laufe der Zeit werden diese positiven Veränderungen zu Gewohnheiten werden, die sich gesundheitlich mehrfach bezahlt machen.

Denken Sie an alles, was Sie bislang schon erreicht haben – vieles davon war herausfordernder, als einfach nur Nahrungsmittel anders zu kombinieren –, und glauben Sie daran, dass Sie das genauso gut schaffen. Schon nach den ersten Wochen werden Sie grandiose Erfolge verzeichnen, und es wird leichter werden.

Befolgen Sie die Pläne auf den Seiten 64 bis 67 so genau wie möglich. Sie können dabei schon ab den ersten Wochen Tage und Mahlzeiten austauschen.

Alle Rezepte der Pläne finden Sie im Buch, doch jeder hat einen anderen Appetit. Wichtig ist, dass Sie sich in den nächsten vier Wochen mit Ihrem Hunger- und Sättigungsgefühl auseinandersetzen. Die Portionen der Rezepte sind großzügig bemessen, dienen aber nur als Richtlinien. Unsere Empfehlung ist, „nach Appetit" zu essen: Essen Sie nur *so lange*, bis Sie nicht mehr hungrig sind, nicht bis Sie (über-)voll sind.

Wenn Sie nach einer ganzen Portion noch Hunger haben, sollten Sie etwas warten, bevor Sie noch mehr essen. Ihr Sättigungsgefühl braucht vielleicht nur etwas Zeit, bis es anspringt. Denken Sie daran, dass Ihre Mahlzeiten etwa zur Hälfte aus Gemüse bestehen sollten (vor allem grobstückige Sorten wie Kohl, Brokkoli usw.), aus 120 bis 180 Gramm magerem Fleisch oder Fisch (je nach Ihrer Körpergröße) und einem ähnlichen Volumen (oder weniger) Kohlenhydraten mit niedrigem GI wie Pasta oder Basmatireis. Sie können die Kohlenhydrate auch weglassen und nur Fleisch oder Fisch und Gemüse essen, wenn Sie Platz für ein Dessert sparen wollen.

Anfangs fällt es Ihnen vielleicht am leichtesten, die Kohlenhydrate-Eiweiß-Aufnahme zu überprüfen, wenn Sie vor allem daheim essen oder sich Ihr Frühstück und/oder Mittagessen zum Mitnehmen zubereiten. Wenn Ihnen dies wochentags nicht möglich ist, können Sie sich problemlos Mahlzeiten aus einer Salatbar zusammenstellen; beachten Sie lediglich diese vier Regeln:

- Zuerst das Gemüse aufhäufen und dabei fertig zubereitete „weiße" Kohlenhydrate wie Reissalat meiden.
- Sparen Sie nicht an Eiweiß aus Fleisch, Fisch, Eiern usw.
- Kichererbsen und andere Hülsenfrüchte sind gute Beilagen, sie enthalten Kohlenhydrate mit niedrigem GI.
- Trinken Sie beim Essen immer Wasser.

Nach den vier Anfangswochen sollten Sie ein Gefühl dafür entwickelt haben, was für Sie funktioniert und was nicht. Sie können nicht den Rest Ihres Lebens „Diät halten", also müssen die neuen Gewohnheiten zu Ihnen passen und nicht andersherum. Tun Sie das, was für Sie, Ihre Familie und Ihren Alltag am besten ist. Nichts ist verboten – bei dieser Ernährungsumstellung geht es darum, die Lebensmittel, die Sie gern essen und auf die Sie nicht verzichten wollen (vor allem Kohlenhydrate und Süßes), mit dem zu kombinieren, was der Körper braucht (mageres Eiweiß und pflanzliche Nahrungsmittel). Sie können sich jederzeit nach den Mahlzeitenplänen richten, wenn Sie glauben, Sie müssten sich wieder auf den rechten Weg bringen. Aber wir sind zuversichtlich, dass Sie sich nach den Anfangswochen gut zurechtfinden werden und beginnen können, auch Ihre Lieblingsrezepte an die nordische Ernährungsweise anzupassen.

MAHLZEITENPLÄNE

WOCHE 1					
TAG	FRÜHSTÜCK	SNACK	MITTAGESSEN	SNACK	ABENDESSEN
Montag	Knäckebrot mit Ei & Hüttenkäse (Seite 83)	1 Möhre, in Streifen, mit Dip nach Wahl (Seite 209)	Quinoa mit Roastbeef, Tomate & Brunnenkresse (Seite 110)	15 Mandeln	Omelett mit Makrele, Tomate & Roggenvollkornbrot (Seite 181)
Dienstag	Hafer-Porridge „to go" (Seite 69)	100 Gramm Trauben	Fleischbällchen mit Edamame & Weißkohl (Seite 138)	1 Scheibe getoastetes Roggenbrot mit Dip nach Wahl (Seite 209)	Lachs mit Kräutern, schnellen Gurken-Pickles & Ei (Seite 182)
Mittwoch	Skyr mit Granola (Seite 72)	1 Apfel, in Scheiben, mit Dip nach Wahl (Seite 209)	Zweierlei-Brote-Sandwich (Seite 129)	100 Gramm Trauben	Edamame mit Weißkohl & Dill (Seite 165)
Donnerstag	Spiegelei mit Mandelmus-Sandwich (Seite 79)	1 Birne, in Scheiben, mit Dip nach Wahl (Seite 209)	Roggensalat mit Zitrone & Beeren (Seite 121)	Geröstete Kichererbsen & Mandeln (Seite 91)	Hähnchenbrust mit Birne, Trauben & Reis (Seite 137)
Freitag	Eiweiß-Omelett mit Paprika & Parmesan (Seite 84)	15 Mandeln	Soba-Nudeln mit Tofu, Ingwer & Zuckererbsen (Seite 118)	1 Möhre, in Streifen, mit Dip nach Wahl (Seite 209)	Hähnchensalat (Seite 117)
Samstag	Birchermüsli (Seite 87)	1 Möhre, in Streifen, mit Dip nach Wahl (Seite 209)	Roggenkörner mit Gurke & Haselnüssen (Seite 114)	1 Scheibe Brot mit niedrigem GI mit Avocado-Schoko-Aufstrich (Seite 202)	Hähnchen mit Möhren & Kartoffeln (Seite 189)
Sonntag	Pitabrot mit Schinken, Möhre & Hüttenkäse (Seite 76)	Kiwi mit knusprigem Nuss-Dip (Seite 108)	Wan Tans mit Hummus & Hüttenkäse (Seite 130)	1 Roggenbrötchen mit Schokolade (Seite 92)	Pizza mit Hähnchen & Gemüse (Seite 157) oder Reste der Woche

WOCHE 2					
TAG	FRÜHSTÜCK	SNACK	MITTAGESSEN	SNACK	ABENDESSEN
Montag	Spiegelei mit Mandelmus-Sandwich (Seite 79)	1 Birne, in Scheiben, mit Dip nach Wahl (Seite 209)	Reispapier-röllchen mit Garnelen (Seite 183)	1 Scheibe Vollkornbrot mit niedrigem GI mit Avocado-Schoko-Aufstrich (Seite 202)	Kabeljau-Tomaten-Salat (Seite 186)
Dienstag	Schinken-Käse-Omelett (Seite 75)	1 Möhre, in Streifen, mit Dip nach Wahl (Seite 228)	Thunfisch, Kartoffeln & Ei (Seite 122)	1 Roggen-brötchen mit Schokolade (Seite 92)	Offenes Sandwich mit Lachs, Ingwer & Limette (Seite 145)
Mittwoch	Hafer-Porridge „to go" (Seite 69)	Pitabrot mit Hüttenkäse & Apfel (Seite 100)	Hähnchen, Mais & Cornichons (Seite 126)	15 Mandeln	Hähnchen-Wrap mit Weißkohl & Curry (Seite 178)
Donnerstag	Skyr mit Granola (Seite 72)	Kiwi mit knusprigem Nuss-Dip (Seite 108)	Eier-Gemüse-Salat auf getoastetem Roggen-vollkornbrot (Seite 133)	1 Vollkorn-Knäckebrot mit niedrigem GI mit Dip nach Wahl (Seite 209)	Thunfisch mit Wasabi, Weißkohl, Mandeln & Gurke (Seite 158)
Freitag	Warmer Getreidebrei mit Apfel & Haselnüssen (Seite 80)	1 Birne, in Scheiben, mit Dip nach Wahl (Seite 228)	Kalte Tomaten-suppe (Seite 109)	1 Scheibe Brot mit niedrigem GI mit Nussmus	Hähnchen mit Aubergine, Tomate & Zimt (Seite 169)
Samstag	Warmer Getreidebrei mit Blau-beeren (Seite 71)	Apfel mit Hüttenkäse & Kakaonibs (Seite 103)	Quinoa mit Roastbeef, Tomate & Brunnen-kresse (Seite 110)	Knusper-Ei (Seite 95)	Lachsbäll-chen mit Kichererbsen & Weißkohl (Seite 162)
Sonntag	Sonntags-frühstück (Seite 88)	1 Apfel, in Scheiben, mit Dip nach Wahl (Seite 209)	Fenchel, Prosciutto & Mandeln (Seite 113)	1 Scheibe Brot mit niedrigem GI mit Mandelmus	Tofu im Chiamantel mit Tomaten, Spinat & Grüne-Bohnen-Reis (Seite 170)

WOCHE 3					
TAG	**FRÜHSTÜCK**	**SNACK**	**MITTAGESSEN**	**SNACK**	**ABENDESSEN**
Montag	Warmer Getreidebrei mit Apfel & Haselnüssen (Seite 80)	1 Möhre, in Streifen, mit Dip nach Wahl (Seite 209)	Soba-Nudeln mit Tofu, Ingwer & Zuckererbsen (Seite 118)	Ei mit Hüttenkäse & Mandeln (Seite 99)	Garnelen mit Chili, Grapefruit & Rotkohl (Seite 174)
Dienstag	Birchermüsli (Seite 87)	Knusper-Ei (Seite 95)	Roggensalat mit Zitrone & Beeren (Seite 121)	Birne & Mozzarella mit Pfeffer (Seite 104)	Lachs mit Avocado, Erbsen & Fenchel (Seite 142)
Mittwoch	Knäckebrot mit Ei & Hüttenkäse (Seite 83)	1 Apfel, in Scheiben, mit Dip nach Wahl (Seite 209)	Makrele, Weißkohl & Roggenvoll-kornbrot (Seite 125)	Möhren mit Grüne-Erbsen-Dip (Seite 96)	Zitronen-hähnchen mit gebratenen Süßkartoffeln & Rucola (Seite 150)
Donnerstag	Skyr mit Granola (Seite 72)	1 Scheibe getoastetes Brot mit niedrigem GI mit Dip nach Wahl (Seite 209)	Fenchel, Prosciutto & Mandeln (Seite 113)	1 Grapefruit	Gefüllte Paprika-schote mit Lamm, Quinoa & Zitrone (Seite 134)
Freitag	Warmer Getreidebrei mit Blau-beeren (Seite 71)	Geröstete Kichererbsen mit Mandeln (Seite 91)	Kalte Tomaten-suppe (Seite 109)	2 Möhren-sticks mit Dip nach Wahl (Seite 209)	Fisch-Wan-Tans mit Weißkohl-Möhren-Salat (Seite 197)
Samstag	Eiweiß-Omelett mit Paprika & Parmesan (Seite 84)	1 Apfel, in Scheiben, mit Dip nach Wahl (Seite 209)	Zweierlei-Brote-Sandwich (Seite 129)	Ei mit Hüttenkäse & Mandeln (Seite 99)	Fischfilet mit Radicchio-salat (Seite 198)
Sonntag	Sonntags-frühstück (Seite 88)	15 Mandeln	Wan Tans mit Hummus & Hüttenkäse (Seite 130)	1 Grapefruit	Geschmortes Wurzel-gemüse mit Chorizo (Seite 173) oder Reste der Woche

WOCHE 4					
TAG	FRÜHSTÜCK	SNACK	MITTAGESSEN	SNACK	ABENDESSEN
Montag	Skyr mit Granola (Seite 72)	Apfel mit Hüttenkäse & Kakaonibs (Seite 103)	Roggenkörner mit Gurke & Haselnüssen (Seite 114)	Kiwi mit knusprigem Nuss-Dip (Seite 108)	Hähnchenkeulen mit Fenchel & Linsen (Seite 161)
Dienstag	Eiweiß-Omelett mit Paprika & Parmesan (Seite 84)	1 Möhre, in Streifen, mit Dip nach Wahl (Seite 209)	Zweierlei-Brote-Sandwich (Seite 129)	15 Mandeln	Rinderlende mit Salz-Essig-Kartoffeln (Seite 141)
Mittwoch	Pitabrot mit Schinken, Möhre & Hüttenkäse (Seite 76)	Birne & Mozzarella mit Pfeffer (Seite 104)	Quinoa mit Roastbeef, Tomate & Brunnenkresse (Seite 110)	Mango mit Mandeln & Minze (Seite 107)	Schweinelende mit Salbei-Halloumi-Füllung (Seite 146)
Donnerstag	Warmer Getreidebrei mit Apfel & Haselnüssen (Seite 80)	¼ Weißkohl mit Dip nach Wahl (Seite 209)	Roggensalat mit Zitrone & Beeren (Seite 121)	1 Apfel, in Scheiben, mit Dip nach Wahl (Seite 209)	Lachs mit knackigem Gemüse & Selleriecreme (Seite 194)
Freitag	Hafer-Porridge „to go" (Seite 69)	1 Scheibe Brot mit niedrigem GI mit Avocado-Schoko-Aufstrich (Seite 202)	Hähnchen, Mais & Cornichons (Seite 126)	15 Mandeln	Pasta Bolognese (Seite 166)
Samstag	Birchermüsli (Seite 87)	Pitabrot mit Hüttenkäse & Apfel (Seite 100)	Eier-Gemüse-Salat auf getoastetem Roggenvollkornbrot (Seite 133)	Mango mit Mandeln & Minze (Seite 107)	Kabeljau mit Möhren & Haselnüssen (Seite 149)
Sonntag	Schinken-Käse-Omelett (Seite 75)	Möhren mit Grüne-Erbsen-Dip (Seite 96)	Makrele, Weißkohl & Roggenvollkornbrot (Seite 125)	1 Apfel, in Scheiben, mit Dip nach Wahl (Seite 209)	Salat-Wraps mit scharfem Rindfleisch & Glasnudeln (Seite 190)

Jetzt haben Sie genug über Essen gelesen – es ist Zeit, dieses Buch mit in die Küche zu nehmen. Wir kreierten unkomplizierte Rezepte auf Basis der modernen nordischen Küchenkultur. Jede Mahlzeit soll bei minimaler Kalorienmenge maximal zufriedenstellen. Nicht alle Gerichte haben das ideale Verhältnis (2:1) von Kohlenhydraten zu Eiweiß, doch können Sie mit der Nährwertdeklaration am Ende jedes Rezepts Ihre Ernährung immer entsprechend ausbalancieren. Bei vielen Gerichten reichen ein Ei oder ein Löffel Skyr für zusätzliches Eiweiß, aber Sie können auch alles andere mischen und anpassen, sodass die Gesamtmahlzeit das angestrebte Verhältnis erreicht. Wir sind zuversichtlich, dass Ihnen Ihr neuer, gesunder und nordischer Lebensstil gefallen wird – genießen Sie ihn und *velbekomme* (Guten Appetit!), wie wir in Skandinavien sagen.

Hafer-Porridge „to go"

FÜR 1 PORTION

Mischen Sie die Zutaten zu Hause und gießen Sie im Büro noch kochendes Wasser darüber – fertig ist ein schnelles Frühstück. Sie können die trockenen Zutaten auch auf Vorrat mischen und im Büroschrank aufbewahren, wenn morgens die Zeit knapp ist. Geben Sie dann nur noch die Beeren mit dem Wasser zu. Der Skyr liefert Eiweiß – verzichten Sie nicht darauf.

- 60 g kernige Haferflocken
- 4 Teelöffel gehackte Mandeln
- 4 Teelöffel frische oder tiefgekühlte Blaubeeren
- 1 Teelöffel Chiasamen
- 1 Prise Zimt
- 1 Teelöffel Stevia oder 1 Esslöffel Honig oder Zucker
- 1 Teelöffel fein abgeriebene Bio-Zitronenschale
- fettarmer Natur-Skyr oder Skyr-Ersatz (Seite 231) zum Servieren (optional)

Haferflocken, Mandeln, Blaubeeren, Chiasamen, Zimt, Stevia und Zitronenschale in einen hitzefesten Behälter füllen. Im Büro 125–250 ml Wasser aufkochen und über die Zutaten gießen. Den Behälter verschließen und schütteln, damit sich die Zutaten mischen. Alles einige Minuten einweichen lassen. Optional etwas Skyr daraufsetzen und servieren.

VERHÄLTNIS (Kohlenhydrate : Eiweiß) = 2:1

PRO PORTION: Kalorien 170 • Eiweiß 8 g • Kohlenhydrate 16 g • Ballaststoffe 0 g • Fett 9 g • gesättigte Fettsäuren 1 g • Natrium 3 mg

Warmer Getreidebrei mit Blaubeeren

FÜR 1 PORTION

In Dänemark würde man den Brei nur mit 250 ml Wasser zubereiten, damit er mehr Biss hat. Probieren Sie beide Varianten, um herauszufinden, was Ihnen besser schmeckt. Das Ei macht dieses Frühstück äußerst sättigend.

- 80 g Roggenflocken oder kernige Haferflocken
- Sirup
- 1 Eiweiß
- 1 Apfel, entkernt und gerieben
- 125 g fettarmer Natur-Skyr oder Skyr-Ersatz (Seite 231)
- 3 Esslöffel frische oder gefriergetrocknete Himbeeren, Blaubeeren oder Rosinen
- 1 Ei (Größe L), hart gekocht (optional)

Getreideflocken und etwas Sirup mit 750 ml Wasser in einem mittleren Topf bei mittlerer Hitze aufkochen; 5–7 Minuten unter Rühren kochen, bis die Mischung andickt. Die Hitze reduzieren und den Brei in 10–15 Minuten cremig kochen. 1 Minute vor Ende der Garzeit das Eiweiß zugeben, unterziehen.

Den Porridge mit Apfel, Skyr und Beeren anrichten. Nach Wunsch das hart gekochte Ei dazu essen.

VERHÄLTNIS (Kohlenhydrate : Eiweiß) = 2:1

PRO PORTION: Kalorien 300 • Eiweiß 23 g • Kohlenhydrate 36 g • Ballaststoffe 5 g • Fett 6 g • gesättigte Fettsäuren 2 g • Natrium 24 mg

Skyr mit Granola

FÜR 1 PORTION

Das klassisch nordische Frühstück, mit kleinem Update. Als schnelle Alltagslösung bietet es einen mühelosen Start und hat dazu noch das perfekte Kohlenhydrate-Eiweiß-Verhältnis.

- 125 g fettarmer Natur-Skyr oder Skyr-Ersatz (Seite 231)
- 30 g Granola, selbst gemacht (Seite 230)

Den Skyr in eine Schüssel geben, mit dem Granola bestreuen und servieren.

VERHÄLTNIS (Kohlenhydrate : Eiweiß) = 1:3

PRO PORTION: Kalorien 250 • Eiweiß 25 g • Kohlenhydrate 8 g • Ballaststoffe 2 g • Fett 7 g • gesättigte Fettsäuren 0 g • Natrium 0 mg

Schinken-Käse-Omelett

FÜR 1 PORTION

Die gerösteten Haferflocken sorgen für Substanz (und Kohlenhydrate) in der Eimasse und machen das Omelett zur kompletten Mahlzeit. Für ein Frühstück „to go" das Omelett auf Backpapier gleiten lassen, füllen und aufrollen.

- 2 Eier (Größe L)
- ¼ Teelöffel Salz
- frisch gemahlener schwarzer Pfeffer
- 1 Esslöffel kernige Haferflocken
- 2 Teelöffel Olivenöl
- 1 Scheibe magerer Kochschinken
- 2 Scheiben Käse
- 1 Tomate, in Scheiben geschnitten

Die Eier in einer Schüssel verquirlen, mit dem Salz und etwas Pfeffer würzen.

Die Haferflocken in einer beschichteten Pfanne bei mittlerer Hitze in etwa 3 Minuten goldgelb rösten. Das Olivenöl und dann das verquirlte Ei dazugießen. Die Pfanne kippen, damit das Ei den Pfannenboden ganz bedeckt. Einige Minuten garen, bis das Ei gestockt ist.

Kochschinken, Käse und Tomate darauf verteilen. Das Omelett auf die Hälfte falten und servieren.

VERHÄLTNIS (Kohlenhydrate : Eiweiß) = 2:1

PRO PORTION: Kalorien 440 • Eiweiß 25 g • Kohlenhydrate 9 g • Ballaststoffe 3 g • Fett 34 g • gesättigte Fettsäuren 15 g • Natrium 689 mg

Pitabrot mit Schinken, Möhre & Hüttenkäse

FÜR 1 PORTION

Ein einfaches Mittagessen oder Snack, den Sie aus Ihren Vorräten zubereiten können. Möhrenraspel sorgen für Farbe, Biss und eine leichte Süße.

- 1 Pitabrot aus Vollkornweizen, mit niedrigem GI, leicht getoastet
- 1 Teelöffel Dijon-Senf
- 2 Scheiben magerer Kochschinken
- ½ Möhre, grob geraspelt
- 50 g Hüttenkäse

Das Pitabrot aufschneiden und mit dem Dijon-Senf bestreichen. Mit Kochschinken, Möhre und Hüttenkäse füllen und zum Mitnehmen einpacken oder frisch servieren.

VERHÄLTNIS (Kohlenhydrate : Eiweiß) = 2:1

PRO PORTION: Kalorien 300 • Eiweiß 22 g • Kohlenhydrate 36 g • Ballaststoffe 6 g • Fett 6 g • gesättigte Fettsäuren 3 g • Natrium 1,037 mg

RAADVAD KNIVFABRIKER
RUSTFRI

Spiegelei mit Mandelmus-Sandwich

FÜR 1 PORTION

Dieses unkomplizierte Frühstück verdoppelt die Eiweißmenge mit einem Spiegelei – eine ausgezeichnete, immer verfügbare Eiweißquelle – zum Mandelmus-Sandwich. Wählen Sie diese Morgenmahlzeit, wenn Sie etwas brauchen, das Ihnen durch einen anstrengenden Tag hilft.

- 4 Teelöffel Mandelmus
- 1 Scheibe Vollkornroggenbrot oder Pumpernickel
- Olivenölspray
- 1 Ei (Größe L)

Das Mandelmus auf das Brot streichen. Dann das Brot halbieren und zum Sandwich zusammenklappen.

Eine beschichtete Pfanne mit etwas Olivenöl einsprühen und das Ei darin braten, bis das Eiweiß gestockt ist. Das Ei wenden, einige Sekunden weiterbraten und auf einen Teller gleiten lassen.

Das Mandelmus-Sandwich zum Spiegelei servieren.

VERHÄLTNIS (Kohlenhydrate : Eiweiß) = 3:1

PRO PORTION: Kalorien 290 • Eiweiß 8 g • Kohlenhydrate 27 g • Ballaststoffe 4 g • Fett 16 g • gesättigte Fettsäuren 3 g • Natrium 306 mg

Warmer Getreidebrei mit Apfel & Haselnüssen

FÜR 2 PORTIONEN

Dieser rustikale Frühstücksbrei ist in Dänemark sehr beliebt. Cremiger wird er, wenn Sie die Flüssigkeitsmengen verdreifachen und den Brei etwas länger kochen. Dank Apfel und Apfelsaft kommen Sie gar nicht in die Versuchung, den Brei noch mehr süßen zu wollen.

- 80 g Roggenflocken oder kernige Haferflocken
- 7 Esslöffel Apfelsaft
- 1 Eiweiß (Ei, Größe L)
- ½ Apfel, entkernt und grob geraspelt (den Rest des Apfels essen, während der Brei kocht)
- 2 Esslöffel grob gehackte, blanchierte, geröstete Haselnusskerne (siehe Hinweis)
- 2 Esslöffel fettarmer Natur-Skyr oder Skyr-Ersatz (Seite 231)

Die Getreideflocken mit Apfelsaft und 150 ml Wasser in einem mittleren Topf bei mittlerer Hitze aufkochen. Bei niedriger bis mittlerer Hitze 5–7 Minuten kochen, bis die Flocken weich sind, dabei mehrmals umrühren. Den Herd abschalten, das Eiweiß unterziehen und den Brei 1 Minute beiseitestellen. Mit Apfelraspeln sowie Haselnüssen bestreuen und den Skyr darübergeben.

HINWEIS: Zum Rösten der Haselnüsse den Ofen auf 175 °C vorheizen. Die Nüsse auf einem Backblech verteilen, etwa 10 Minuten rösten, bis sich die Schale lockert; dabei mehrmals wenden. Die Nüsse auf ein Küchentuch kippen und 10 Minuten abkühlen lassen. Die Schale mit dem Tuch abreiben (kleine Reste stören nicht). Die Nüsse vor dem Hacken vollständig abkühlen lassen.

VERHÄLTNIS (Kohlenhydrate : Eiweiß) = 5:1

PRO PORTION: Kalorien 370 • Eiweiß 11 g • Kohlenhydrate 52 g • Ballaststoffe 7 g • Fett 12 g • gesättigte Fettsäuren 1 g • Natrium 10 mg

Knäckebrot mit Ei & Hüttenkäse

FÜR 1 PORTION

- 2 Knäckebrote, selbst gemacht (Seite 201), oder gekauftes Vollkorn-Knäckebrot mit niedrigem GI
- 6 Scheiben Gurke
- 1 Ei (Größe L), pochiert oder hart gekocht und in Scheiben geschnitten
- 2 Esslöffel Hüttenkäse
- frisch gemahlener schwarzer Pfeffer

Das Knäckebrot mit Gurke, Ei und Hüttenkäse belegen, mit etwas Pfeffer würzen und servieren.

VERHÄLTNIS (Kohlenhydrate : Eiweiß) = 2:1

PRO PORTION: Kalorien 332 • Eiweiß 18 g • Kohlenhydrate 28 g • Ballaststoffe 2 g • Fett 16 g • gesättigte Fettsäuren 4 g • Natrium 377 mg

Eiweiß-Omelett mit Paprika & Parmesan

FÜR 1 PORTION

Dieses Frühstück „to go“ funktioniert auch wunderbar als Mittagessen.

- 2 Eiweiß (Eier, Größe L)
- Salz und frisch gemahlener schwarzer Pfeffer
- 1 Esslöffel kernige Haferflocken
- 2 Teelöffel Olivenöl
- ¼ rote und ¼ gelbe Paprikaschote, geputzt und in feine Streifen geschnitten
- 2 Esslöffel frisch geriebener Parmesan

Das Eiweiß in einer Schüssel leicht verquirlen und mit etwas Salz sowie Pfeffer würzen. Die Haferflocken in einer beschichteten Pfanne bei mittlerer Hitze in etwa 5 Minuten goldbraun rösten, dabei mehrmals umrühren. Das Olivenöl und dann das Eiweiß darübergießen. Die Pfanne kippen, damit das Eiweiß den Pfannenboden ganz bedeckt. Das Eiweiß etwa 2 Minuten braten. Dann das Omelett vorsichtig wenden und 2 Minuten weiterbraten, bis das Eiweiß gestockt ist. Auf ein Stück Backpapier gleiten lassen, mit Paprika und Parmesan belegen, aufrollen und in zwei Hälften schneiden.

VERHÄLTNIS (Kohlenhydrate : Eiweiß) = 1:2

PRO PORTION: Kalorien 230 • Eiweiß 13 g • Kohlenhydrate 7 g • Ballaststoffe 2 g • Fett 16 g • gesättigte Fettsäuren 6 g • Natrium 217 mg

Birchermüsli

FÜR 2 PORTIONEN

„Overnight Oats" sind gerade ein großer Trend – in der skandinavischen Küche serviert man sie schon seit Generationen. In unserer nussigen Version sorgen geröstete Haselnüsse für ein ganz besonderes Aroma.

- 200 g kernige Haferflocken oder grobe Roggenflocken
- knapp 250 ml fettarme Kuhmilch oder Sojamilch, erwärmt
- 125 g fettarmer Natur-Skyr oder Skyr-Ersatz (Seite 231)
- 2 Esslöffel Rosinen
- 2 Äpfel, entkernt und gewürfelt, plus ½ Apfel, entkernt und geraspelt
- 2 Handvoll frische Beeren oder andere Früchte der Saison
- 2 Esslöffel gehackte Mandeln
- 2 Esslöffel gehackte, blanchierte, geröstete Haselnusskerne (siehe Hinweis, Seite 80)
- 2 Esslöffel Honig

Die Haferflocken in eine Schüssel oder in ein Schraubglas füllen, mit der warmen Milch übergießen und über Nacht abgedeckt in den Kühlschrank stellen. Am nächsten Morgen den Skyr unterrühren. Falls die Mischung zu dick ist, weiteren Skyr zugeben. Rosinen, Apfelwürfel und Beeren unterziehen. Mandeln, Haselnüsse sowie Apfelraspel darübergeben und servieren.

VERHÄLTNIS (Kohlenhydrate : Eiweiß) = 5:1

PRO PORTION: Kalorien 480 • Eiweiß 15 g • Kohlenhydrate 75 g • Ballaststoffe 9 g • Fett 12 g • gesättigte Fettsäuren 2 g • Natrium 34 mg

Sonntagsfrühstück

FÜR 1 PORTION

Verwöhnen Sie sich mit diesem Smörgåsbord (schwedisches Buffet) gesunder Dinge – genau das Richtige für ein faules Sonntagsfrühstück im Bett.

- 170 g gemischte Früchte der Saison, je nach Sorte klein geschnitten oder in Scheiben
- 125 g fettarmer Natur-Skyr oder Skyr-Ersatz (Seite 231)
- 1 Esslöffel selbst gemachtes Granola (Seite 230) oder Kakaonibs
- Olivenölspray
- 1 Scheibe Prosciutto cotto (italienischer Kochschinken) oder anderer magerer Kochschinken
- 1 Ei (Größe L)
- 1 Scheibe Vollkornroggenbrot oder Pumpernickel
- 1 Esslöffel Hummus (Seite 206, optional)
- Salz und frisch gemahlener schwarzer Pfeffer
- 1 kleine Tomate, in Scheiben geschnitten

Die Früchte in ein Glas geben und mit Skyr sowie Granola auffüllen.

Eine mittlere beschichtete Pfanne mit etwas Olivenöl einsprühen und bei mittlerer Hitze erwärmen. Den Prosciutto darin in etwa 2 Minuten knusprig braten, dann auf einen Teller legen. Das Ei in die Pfanne schlagen und etwa 2 Minuten braten, bis es gestockt ist; dann wenden und wenige Sekunden weiterbraten. In der Zwischenzeit das Brot toasten und optional mit Hummus bestreichen. Das Ei auf das Brot geben und den Schinken darauf anrichten. Zuletzt das Brot mit etwas Salz und Pfeffer würzen und mit Tomate sowie Obstsalat servieren.

VERHÄLTNIS (Kohlenhydrate : Eiweiß) = 4:3

PRO PORTION: Kalorien 480 • Eiweiß 30 g • Kohlenhydrate 43 g • Ballaststoffe 7 g • Fett 19 g • gesättigte Fettsäuren 7 g • Natrium 666 mg

Geröstete Kichererbsen & Mandeln

FÜR 2 PORTIONEN

Diese Röstmischung ist so viel geschmackvoller als Chips, vom Gesundheitsfaktor ganz zu schweigen – macht aber genauso süchtig.

- 1 Dose Kichererbsen, abgespült und abgetropft
- ½ Teelöffel Paprikapulver
- ½ Teelöffel gemahlener Kreuzkümmel
- 1 Prise Chiliflocken
- Olivenölspray
- 2 Esslöffel grob gehackte Mandeln

Den Ofen auf 160 °C vorheizen. Ein Backblech mit Backpapier auslegen.

Die Kichererbsen auf Küchenpapier ausbreiten und 10 Minuten beiseitestellen, um überschüssige Feuchtigkeit aufsaugen zu lassen; dann in eine Schüssel umfüllen. Die Kichererbsen mit Paprikapulver, Kreuzkümmel sowie Chiliflocken bestreuen und in der Würzmischung schwenken. Auf dem Backblech verteilen, mit etwas Olivenöl besprühen und 15 Minuten rösten. Nach 10 Minuten das Backblech vorsichtig schütteln.

Die Mandeln mit den Kichererbsen mischen und 10 Minuten weiterrösten, bis die Mandeln goldgelb und die Kichererbsen leicht knusprig sind; dann aus dem Ofen nehmen und vollständig erkalten lassen.

Im luftdichten Behälter ist die Röstmischung bis zu 1 Woche haltbar.

VERHÄLTNIS (Kohlenhydrate : Eiweiß) = 3:2

PRO PORTION: Kalorien 180 • Eiweiß 8 g • Kohlenhydrate 12 g • Ballaststoffe 5 g • Fett 10 g • gesättigte Fettsäuren 1 g • Natrium 216 mg

Roggenbrötchen mit Schokolade

ERGIBT 12 STÜCK

Wenn Sie ein Fan von Pain au chocolat sind, schmeckt Ihnen bestimmt auch diese handfestere Vollkornversion mit Sonnenblumenkernen. Eingefroren und einzeln aufgetaut, sind die Brötchen ein schneller, süßer Snack.

- 125 g fettarmer Natur-Skyr oder Skyr-Ersatz (Seite 231)
- ½ Teelöffel Instant-Trockenhefe
- 250 g Weizenvollkornmehl
- 125 g Weizenmehl plus etwas mehr zum Bestäuben
- 125 g Roggenmehl
- 2 Teelöffel Salz
- 60 g Bitterschokolade (etwa 70 % Kakaoanteil), grob gehackt
- 50 g geschälte Sonnenblumenkerne
- Pflanzenöl zum Einfetten

Skyr, Hefe und 500 ml Wasser in einer großen Schüssel mischen. Mehle und Salz kurz untermengen. Bitterschokolade und Sonnenblumenkerne zugeben und alles in 6–7 Minuten zu einem leicht klebrigen Teig kneten; dabei nicht zu viel Mehl einkneten. Die Schüssel mit einem feuchten Tuch abdecken und den Teig etwa 1 Stunde gehen lassen, bis sich das Volumen verdoppelt hat.

Den Teig auf einer bemehlten Arbeitsfläche zu einer 60 cm langen Stange rollen und mit einem scharfen Messer quer in 12 gleich große Stücke teilen. Das Messer jeweils schräg ansetzen, sodass sich Dreiecke ergeben. Ein großes Backblech leicht einfetten und die Teiglinge mit etwas Abstand zueinander darauflegen; mit einem feuchten Tuch abdecken und warm sowie zugfrei etwa 30 Minuten ruhen lassen, bis sie locker und luftig aussehen.

Den Ofen auf 220 °C vorheizen.

Die Brötchen 20 Minuten backen oder bis sie beim Klopfen auf die Unterseite hohl klingen; ofen- oder zimmerwarm servieren.

Zum Lagern die Brötchen in Klarsichtfolie gewickelt bis zu 2 Monate einfrieren und nach Bedarf auftauen.

VERHÄLTNIS (Kohlenhydrate : Eiweiß) = 4:1

PRO PORTION: Kalorien 200 • Eiweiß 7 g • Kohlenhydrate 31 g • Ballaststoffe 5 g • Fett 4 g • gesättigte Fettsäuren 1 g • Natrium 387 mg

Knusper-Ei

FÜR 1 PORTION

Dieser Snack ist praktisch Eiweiß pur und damit eine gute Möglichkeit, eine kohlenhydratlastige Mahlzeit auszubalancieren.

- 1 Teelöffel fein gehackte Mandeln
- 1 Teelöffel blanchierte Haselnusskerne
- 1 Teelöffel ungesalzene, geschälte Kürbiskerne
- 1 Teelöffel geschälte Sonnenblumenkerne
- Salz
- 1 Ei (Größe L), hart gekocht

Mandeln, Haselnüsse, Kürbis- und Sonnenblumenkerne in einer hohen Pfanne bei mittlerer Hitze 3–5 Minuten rösten, bis sie leicht gebräunt sind; dabei oft umrühren. Nüsse und Samen mit dem Messer fein hacken oder in einer Küchenmaschine auf der Pulsstufe zerkleinern. Etwas Salz zugeben und untermischen. Das Ei schälen, quer halbieren, in der Nuss-Samen-Mischung wälzen.

VERHÄLTNIS (Kohlenhydrate : Eiweiß) = 1:8

PRO PORTION: Kalorien 130 • Eiweiß 8 g • Kohlenhydrate 1 g • Ballaststoffe 1 g • Fett 10 g • gesättigte Fettsäuren 2 g • Natrium 173 mg

Möhren mit Grüne-Erbsen-Dip

FÜR 2 PORTIONEN

Nehmen Sie das Rezept in Ihre Party-Standards auf. Das leuchtende Grün macht diesen Dip zu einer festlichen Variante des üblicheren Hummus. Alternativ ergibt das Rezept zwei Nachmittags-Snack-Portionen „to go".

- 325 g grüne Erbsen, tiefgekühlt
- Salz
- 2 Esslöffel geröstete, ungesalzene, geschälte Kürbiskerne
- frisch gepresster Saft von ½ Zitrone
- 1 Esslöffel Rapsöl
- 1 Teelöffel gemahlener Kreuzkümmel
- 1 Knoblauchzehe, fein gehackt
- frisch gemahlener schwarzer Pfeffer
- 4 Möhren, längs halbiert

Die Erbsen in kochendes Salzwasser geben und 4–5 Minuten darin garen, bis sie weich sind. Das Wasser abgießen und einen Teil davon auffangen, um später die Konsistenz des Dips anzupassen.

Die Erbsen in die Küchenmaschine oder den Standmixer füllen. Kürbiskerne, Zitronensaft, Rapsöl, Kreuzkümmel sowie Knoblauch hinzufügen und alles pürieren, dann mit etwas Salz und Pfeffer würzen. Falls der Dip zu dick ist, mit etwas Erbsenkochwasser verdünnen.

Den Grüne-Erbsen-Dip zu den Möhren servieren

VERHÄLTNIS (Kohlenhydrate : Eiweiß) = 1:1

PRO PORTION: Kalorien 250 • Eiweiß 10 g • Kohlenhydrate 12 g • Ballaststoffe 11 g • Fett 16 g • gesättigte Fettsäuren 2 g • Natrium 111 mg

Ei mit Hüttenkäse & Mandeln

FÜR 1 PORTION

Verzichten Sie bei diesem unkomplizierten Snack nicht auf die Petersilie; sie verleiht ihm Farbe und eine frische Kräuternote.

- 2 Esslöffel Hüttenkäse
- 2 Esslöffel gehackte, geröstete Mandeln (siehe Hinweis)
- 1 Handvoll frische Petersilienblätter
- 1 Teelöffel Dijon-Senf
- 1 Ei (Größe L), hart gekocht und quer halbiert

Hüttenkäse, Mandeln, Petersilie und Dijon-Senf in einer kleinen Schüssel verrühren. Auf einen Teller stellen und zum Ei servieren.

HINWEIS: Zum Rösten der Mandeln den Backofen auf 175 °C vorheizen. Die Mandeln auf einem Backblech verteilen und unter gelegentlichem Wenden etwa 10 Minuten rösten, bis sie aromatisch duften. Vor dem Hacken die Mandeln abkühlen lassen.

VERHÄLTNIS (Kohlenhydrate : Eiweiß) = 1:6

PRO PORTION: Kalorien 255 • Eiweiß 17 g • Kohlenhydrate 3 g • Ballaststoffe 4 g • Fett 19 g • gesättigte Fettsäuren 4 g • Natrium 219 mg

Pitabrot mit Hüttenkäse & Apfel

FÜR 1 PORTION

Wenn Sie Hüttenkäse bisher als altmodisches Diätessen abtaten, sollten Sie einen neuen Blick darauf werfen. Er hat viel weniger Kalorien als Ricotta, ist aber eine cremige Eiweißquelle, die zu vielen anderen Aromen passt. Wählen Sie fettarme, keine vollfetten Sorten.

2 Esslöffel Hüttenkäse
1 Apfel, entkernt und gewürfelt
1 Esslöffel geröstete Sesamsamen (siehe Hinweis)
½ Pitabrot mit niedrigem GI, in Dreiecke geschnitten und getoastet

Hüttenkäse, Apfel und Sesamsamen in einer kleinen Schüssel verrühren. Die Mischung auf die Pitastücke geben und servieren.

HINWEIS: Zum Rösten der Sesamsamen einen kleinen Topf bei mittlerer Hitze erwärmen. Den Sesam darin 1–2 Minuten rösten, bis er zu bräunen beginnt, dabei gelegentlich umrühren. Dann die Samen sofort auf einen Teller kippen und abkühlen lassen.

VERHÄLTNIS (Kohlenhydrate : Eiweiß) = 3:1

PRO PORTION: Kalorien 419 • Eiweiß 17 g • Kohlenhydrate 51 g • Ballaststoffe 9 g • Fett 15 g • gesättigte Fettsäuren 3 g • Natrium 433 mg

Apfel mit Hüttenkäse & Kakaonibs

FÜR 1 PORTION

Kakaonibs stecken voller Antioxidantien und liefern eine kräftige Schoko-Note, ohne süß zu sein.

- 1 Apfel oder Birne, entkernt und in dünne Spalten geschnitten
- frisch gepresster Saft von ½ Zitrone
- 100 g Hüttenkäse
- 1 Esslöffel Kakaonibs

Die Apfelspalten mit dem Zitronensaft beträufeln, Hüttenkäse und Kakaonibs darübergeben und servieren.

VERHÄLTNIS (Kohlenhydrate : Eiweiß) = 2:1

PRO PORTION: Kalorien 324 • Eiweiß 19 g • Kohlenhydrate 27 g • Ballaststoffe 3 g • Fett 15 g • gesättigte Fettsäuren 9 g • Natrium 283 mg

Birne & Mozzarella mit Pfeffer

FÜR 1 PORTION

Ein perfektes Beispiel, wie Sie alltägliche Zutaten unkompliziert und doch stilvoll kombinieren können.

- 1 Birne, entkernt und in Spalten geschnitten
- 60 g Mozzarella, in mundgerechte Stücke geschnitten
- 1 Teelöffel Honig
- frisch gemahlener schwarzer Pfeffer

Birnenspalten und Mozzarellastücke mit dem Honig beträufeln, leicht pfeffern und servieren.

VERHÄLTNIS (Kohlenhydrate : Eiweiß) = 2:1

PRO PORTION: Kalorien 275 • Eiweiß 14 g • Kohlenhydrate 29 g • Ballaststoffe 4 g • Fett 11 g • gesättigte Fettsäuren 7 g • Natrium 234 mg

Mango, Mandeln & Minze

FÜR 1 PORTION

So schmackhaft, so raffiniert und so einfach. Verwenden Sie unbedingt eine reife, wohlriechende Mango für ein optimales Aroma.

- ½ Mango, geschält und in Spalten geschnitten
- ½ Apfel, entkernt und in Spalten geschnitten
- frische Minze- oder Kerbelblätter, grob gehackt
- 10 fein gehackte, geröstete Mandeln (Seite 99)
- ½ Teelöffel Salz
- 60 g fettarmer Natur-Skyr oder Skyr-Ersatz (Seite 231) zum Servieren

Mango- und Apfelspalten mit Minze und Mandeln bestreuen. Die Früchte salzen und mit dem Skyr servieren.

VERHÄLTNIS (Kohlenhydrate : Eiweiß) = 5:1

PRO PORTION: Kalorien 165 • Eiweiß 4 g • Kohlenhydrate 20 g • Ballaststoffe 5 g • Fett 7 g • gesättigte Fettsäuren <1 g • Natrium 605 mg

Kiwi mit knusprigem Nuss-Dip

FÜR 1 PORTION

Hier erhält die ballaststoffreiche Kiwi einen knusprigen Eiweißkick durch Mandeln und Kürbiskerne.

- 1 Esslöffel fein gehackte, geröstete Mandeln (Seite 99)
- 1 Teelöffel geröstete, ungesalzene, geschälte Kürbiskerne
- frisch gemahlener schwarzer Pfeffer
- 1 Kiwi, geschält und in Spalten geschnitten

Mandeln, Kürbiskerne und etwas Pfeffer in einer kleinen Schüssel mischen. Die Kiwispalten in den Nuss-Dip tauchen und servieren.

VERHÄLTNIS (Kohlenhydrate : Eiweiß) = 3:2

PRO PORTION: Kalorien 170 • Eiweiß 6 g • Kohlenhydrate 9 g • Ballaststoffe 5 g • Fett 11 g • gesättigte Fettsäuren 1 g • Natrium 6 mg

Kalte Tomatensuppe

FÜR 2 PORTIONEN

Dies ist eine erfrischende Abwandlung von Gazpacho (spanische und portugiesische kalte Gemüsesuppe).

- 1 Dose (400 g) stückige Tomaten
- 1 reife Tomate, gehackt
- ½ grüne Paprikaschote, geputzt und fein gehackt
- ¼ kernlose Gurke, gewürfelt
- frisch gepresster Saft von ½ Limette
- 1 Teelöffel Chilipulver
- 1 Handvoll frische Basilikumblätter, zerzupft
- 1 Knoblauchzehe, durchgedrückt
- 2 Tropfen scharfe Sauce
- 1 Teelöffel Olivenöl
- Salz und frisch gemahlener schwarzer Pfeffer
- 2 Streifen magerer Frühstücksspeck, gebraten und zerkrümelt

Die Dosentomaten mit Saft, frischer Tomate, Paprika, Gurke, Limettensaft, Chilipulver, Basilikum, Knoblauch, scharfer Sauce und Olivenöl in einen Mixer geben und pürieren, bis die Mischung nur noch leicht stückig ist; mit etwas Salz und Pfeffer würzen. Die Mischung 4 Stunden im Kühlschrank kalt stellen, besser aber über Nacht, damit sich das Aroma entwickeln kann.

Pro Portion die Hälfte der Suppe in einen Teller löffeln und die Hälfte des Specks darüberstreuen. Die Tomatensuppe kalt servieren.

VERHÄLTNIS (Kohlenhydrate : Eiweiß) = 3:1

PRO PORTION: Kalorien 95 • Eiweiß 3 g • Kohlenhydrate 10 g • Ballaststoffe 5 g • Fett 3 g • gesättigte Fettsäuren <1 g • Natrium 230 mg

Quinoa mit Roastbeef, Tomate & Brunnenkresse

FÜR 1 PORTION

Die Bowl-Cuisine bleibt uns noch lange; diese Kombination spricht alle Sinne an und ist voller frischer Aromen.

- 40 g Quinoa, gut gespült und abgetropft
- 110 g dünn aufgeschnittenes Roastbeef (medium), in Streifen geschnitten
- 2 kleine Radieschen, in dünne Scheiben geschnitten
- 4 Kirschtomaten, halbiert
- 40 g Brunnenkresse, dicke Stiele entfernt
- etwa 10 frische Minzblätter
- 2 Teelöffel frisch gepresster Zitronensaft
- 1 Teelöffel Olivenöl
- Salz und frisch gemahlener schwarzer Pfeffer

Die Quinoa mit 125 ml Wasser in einen kleinen Topf geben. Bei mittlerer Hitze zum Kochen bringen. Die Hitze reduzieren, den Deckel aufsetzen und 12 Minuten köcheln lassen, bis die Körner das Wasser aufgenommen haben. Den Topf vom Herd nehmen und die Quinoa vollständig abkühlen lassen.

Quinoa, Roastbeef, Radieschen, Kirschtomaten, Brunnenkresse und Minze in einer Schüssel oder auf einem Teller anrichten. Zitronensaft und Olivenöl darüberträufeln und mit etwas Salz sowie Pfeffer würzen.

VERHÄLTNIS (Kohlenhydrate : Eiweiß) = 1:2

PRO PORTION: Kalorien 254 • Eiweiß 25 g • Kohlenhydrate 17 g • Ballaststoffe 6 g • Fett 9 g • gesättigte Fettsäuren 2 g • Natrium 1,212 mg

0,3 l

Fenchel, Prosciutto & Mandeln

FÜR 1 PORTION

Diese verführerische Mischung aus süß, salzig, pikant sowie weich und knusprig spricht alle Sinne an.

½ Fenchelknolle

1 Esslöffel gehackte Mandeln

abgeriebene Schale und frisch gepresster Saft von ½ Bio-Zitrone

Honig

Salz und frisch gemahlener schwarzer Pfeffer

2 Scheiben Prosciutto crudo (italienischer Rohschinken)

½ Scheibe Roggenvollkornbrot oder Pumpernickel, getoastet und in Streifen geschnitten

1 Stängel frischer Dill

Vom Fenchel die zähen äußeren Blätter entfernen. Die Knolle mit dem Küchenhobel oder einem scharfen Messer quer in dünne Scheiben schneiden. Die Fenchelscheiben in eine mittlere Schüssel oder in ein großes Glas (siehe Abbildung links) füllen und Mandeln, Zitronenschale, Zitronensaft sowie Honig hinzufügen; mit etwas Salz und Pfeffer würzen. Prosciutto und Brotstreifen darauf anrichten, mit dem Dill garnieren und servieren.

VERHÄLTNIS (Kohlenhydrate : Eiweiß) = 3:1

PRO PORTION: Kalorien 337 · Eiweiß 16 g · Kohlenhydrate 45 g · Ballaststoffe 5 g · Fett 9 g · gesättigte Fettsäuren 1 g · Natrium 1,055 mg

Roggenkörner mit Gurke & Haselnüssen

FÜR 1 PORTION

Dieses Rezept ist zwar nicht traditionell skandinavisch, doch die Fischsauce verleiht dem Gericht eine besonders aromatische Umami-Würznote.

60 g Roggenkörner oder Gerstengraupen

Salz

¼ kernlose Gurke, in mundgerechte Stücke geschnitten

30 g Parmesan, gewürfelt

1 Esslöffel grob gehackte, blanchierte, geröstete Haselnusskerne (Seite 80)

1 kleine Handvoll frische Basilikumblätter

1 Esslöffel Apfelweinessig

1 Teelöffel thailändische Fischsauce

1 Spritzer Rapsöl

frisch gemahlener schwarzer Pfeffer

Die Roggenkörner in einen mittelgroßen Topf mit kochendem Salzwasser geben und die Hitze auf mittlere Temperatur reduzieren. Den Roggen 20–30 Minuten köcheln lassen, bis er weich ist. Die Körner in ein Sieb abgießen, unter kaltem Wasser spülen und abkühlen lassen.

Roggenkörner, Gurke, Parmesan, Haselnüsse und Basilikum in einer mittleren Schüssel mischen. Apfelweinessig, Fischsauce und Rapsöl in einer kleinen Schüssel verquirlen, über den Salat gießen und unterheben. Alles mit etwas Salz und Pfeffer würzen.

VERHÄLTNIS (Kohlenhydrate : Eiweiß) = 1:1

PRO PORTION: Kalorien 310 • Eiweiß 12 g • Kohlenhydrate 12 g • Ballaststoffe 4 g • Fett 23 g • gesättigte Fettsäuren 8 g • Natrium 847 mg

Hähnchensalat

FÜR 2 PORTIONEN

Statt dem Hähnchen können Sie für diesen vielseitigen Salat auch Reste gegarter Schweinelende, Pute oder Roastbeef verwenden. Er hält gut, sodass Sie ohne Weiteres die doppelte Menge zubereiten können.

½ Weißkohl, Wirsing oder Chinakohl, in schmale Streifen geschnitten

60 g Emmentaler, gewürfelt

1 Handvoll frische Dillspitzen

2 Esslöffel Dijon-Senf

frisch gepresster Saft von 1 Zitrone

2 Esslöffel Honig

2 Esslöffel Rapsöl

Salz und frisch gemahlener schwarzer Pfeffer

225 g gegartes Hähnchenfleisch, ohne Haut

Kohl, Emmentaler und Dill in einer Salatschüssel mischen. Dijon-Senf, Zitronensaft, Honig und Rapsöl verrühren, über den Salat gießen und unterheben. Den Salat mit etwas Salz sowie Pfeffer würzen, das Hähnchenfleisch daraufsetzen und servieren.

VERHÄLTNIS (Kohlenhydrate : Eiweiß) = 1:1

PRO PORTION: Kalorien 577 • Eiweiß 39 g • Kohlenhydrate 35 g • Ballaststoffe 7 g • Fett 31 g • gesättigte Fettsäuren 7 g • Natrium 802 mg

Soba-Nudeln mit Tofu, Ingwer & Zuckererbsen

FÜR 1 PORTION

Ein schnelles Nudelgericht, aber deutlich gesünder als die abgepackte Variante, mit nur einem Bruchteil des Natriums und gesünderen Nährstoffen.

- 40 g Soba-Nudeln (japanische Buchweizennudeln)
- 100 g Zuckerschoten, geputzt und in Streifen geschnitten
- 80 g marinierter Tofu, gebacken und in Streifen geschnitten
- ¼ rote Paprikaschote, geputzt und in feine Streifen geschnitten
- 50 g abgepackte asiatische Blattsalatmischung oder Baby-Spinat
- 2 Teelöffel salzreduzierte Sojasauce
- 1 Teelöffel Mirin (Reiswein)
- ½ Teelöffel fein geriebener, frischer Ingwer

Wasser in einem mittelgroßen Topf bei starker Hitze zum Kochen bringen und die Soba-Nudeln darin nach Packungsanweisung bissfest garen. In den letzten 30 Sekunden die Zuckerschoten zugeben. Nudeln und Zuckerschoten in ein Sieb abgießen und mit kaltem Wasser abschrecken.

Nudeln, Zuckerschoten, Tofu, Paprika und Blattsalate in einer Portions-Salatschüssel oder in einem Glas (siehe Abbildung rechts) mischen. Sojasauce, Mirin und Ingwer darüber verteilen, vorsichtig unterheben und servieren.

VERHÄLTNIS (Kohlenhydrate : Eiweiß) = 1:1

PRO PORTION: Kalorien 198 • Eiweiß 16 g • Kohlenhydrate 12 g • Ballaststoffe 11 g • Fett 7 g • gesättigte Fettsäuren 1 g • Natrium 399 mg

Roggensalat mit Zitrone & Beeren

FÜR 1 PORTION

Roggen kann auch als Grundlage für einen sättigenden Salat mit Biss verwendet werden. Servieren Sie auf Wunsch Pitabrot dazu (Hinweis: Das Brot wird bei den Nährwertangaben unten nicht berücksichtigt).

- 60 g Roggenkörner oder Gerstengraupen
- Salz
- 100 g Hüttenkäse
- 1 Handvoll frische Kräuter
- abgeriebene Schale und frisch gepresster Saft von 1 Bio-Zitrone
- 1 Esslöffel Rapsöl
- 1 Esslöffel frische Beeren oder aufgetaute Tiefkühl-Beeren
- ½ Pitabrot aus Vollkornweizen, mit niedrigem GI, zum Servieren (optional)

Die Roggenkörner in einen mittelgroßen Topf mit kochendem Salzwasser geben und die Hitze auf mittlere Temperatur reduzieren. Den Roggen 20–30 Minuten köcheln lassen, bis er weich ist. Die Körner in ein Sieb abgießen, unter kaltem Wasser spülen und abkühlen lassen.

Roggenkörner, Hüttenkäse, Kräuter, Zitronenschale, Zitronensaft, Rapsöl und Beeren in eine Portions-Salatschüssel füllen und vorsichtig vermengen. Optional kann man Pitabrot toasten und dazu servieren.

VERHÄLTNIS (Kohlenhydrate : Eiweiß) = 2:1

PRO PORTION: Kalorien 483 · Eiweiß 21 g · Kohlenhydrate 37 g · Ballaststoffe 2 g · Fett 26 g · gesättigte Fettsäuren 5 g · Natrium 296 mg

Thunfisch, Kartoffeln & Ei

FÜR 2 PORTIONEN

Saure, bittere und pikante Elemente verbinden sich bei diesem Thunfischsalat zu einem Gericht, das alles andere als langweilig ist.

- 1 Dose (140 g Abtropfgewicht) Thunfisch im eigenen Saft, abgegossen
- 2 bittere Salatblätter, z. B. Radicchio oder glatte Endivie
- 4 kleine, längliche Kartoffeln, gekocht und in Scheiben geschnitten
- 2 kleine Essiggurken, in Scheiben geschnitten
- 2 Esslöffel frisch gepresster Zitronensaft
- 1 Esslöffel Olivenöl
- 1 Ei (Größe L), hart gekocht und quer halbiert
- Salz und frisch gemahlener schwarzer Pfeffer

Thunfisch, Salatblätter, Kartoffeln und Essiggurken in einer mittelgroßen Schüssel anrichten. Zitronensaft und Olivenöl verquirlen, über den Salat gießen und vorsichtig unterheben. Das hart gekochte Ei daraufsetzen, den Salat mit etwas Salz und Pfeffer würzen und servieren.

VERHÄLTNIS (Kohlenhydrate : Eiweiß) = 1:1

PRO PORTION: Kalorien 393 • Eiweiß 30 g • Kohlenhydrate 34 g • Ballaststoffe 4 g • Fett 14 g • gesättigte Fettsäuren 3 g • Natrium 530 mg

Makrele, Weißkohl & Roggenvollkornbrot

FÜR 1 PORTION

Makrele ist besonders reich an Omega-3-Fettsäuren und eine hervorragende Eiweißquelle. Diesen Fisch sollten Sie ganz oben auf die Einkaufsliste setzen.

- 2 Esslöffel fettarmer Natur-Skyr oder Skyr-Ersatz (Seite 231)
- 1 Teelöffel Dijon-Senf
- ¼ Kopf Weißkohl, Wirsing oder Chinakohl, in sehr feine Streifen geschnitten
- 120 g Makrele oder Sardinen in Tomatensauce (Konserve)
- 1 Esslöffel grob gehackte, geröstete Mandeln (Seite 99)
- 1 kleine Handvoll frische Dillspitzen
- Salz und frisch gemahlener schwarzer Pfeffer
- 1 Scheibe Roggenvollkornbrot oder Pumpernickel, getoastet

Skyr und Dijon-Senf in einer Portions-Salatschüssel gründlich verrühren. Weißkohl, Makrele, Mandeln und Dill sanft unterheben. Nach Geschmack mit Salz und Pfeffer würzen.

Die Fischmischung mit dem Vollkornbrot servieren.

VERHÄLTNIS (Kohlenhydrate : Eiweiß) = 1:1

PRO PORTION: Kalorien 476 • Eiweiß 39 g • Kohlenhydrate 31 g • Ballaststoffe 10 g • Fett 20 g • gesättigte Fettsäuren 4 g • Natrium 932 mg

Hähnchen, Mais & Cornichons

FÜR 1 PORTION

Grillen Sie beim nächsten Mal ein oder zwei Hähnchenbrüste extra, so haben Sie einen Vorrat an gegartem Hähnchenfleisch für diesen Sommersalat. Das Rezept lässt sich leicht verdoppeln.

- 1 kleiner Maiskolben, geschält
- 100 g Hähnchenbrust, gegart und klein geschnitten
- 1 Esslöffel entsteinte schwarze Oliven
- 3 Cornichons, in Scheiben geschnitten
- 1 kleine Tomate, halbiert
- 1 Esslöffel Olivenöl
- Salz und frisch gemahlener schwarzer Pfeffer

Wasser in einem mittelgroßen Topf bei hoher Hitze zum Kochen bringen. Den Maiskolben hineinlegen und 5–10 Minuten kochen, bis die Körner weich sind. Das Wasser abgießen und den Mais kalt abspülen, dann abkühlen lassen. Den Kolben hochkant auf den Strunk stellen und die Körner abschneiden.

Mais, Hähnchen, Oliven, Cornichons, Tomate und Olivenöl in einer Portions-Salatschüssel mischen und mit etwas Salz sowie Pfeffer würzen.

VERHÄLTNIS (Kohlenhydrate : Eiweiß) = 3:4

PRO PORTION: Kalorien 493 • Eiweiß 32 g • Kohlenhydrate 24 g • Ballaststoffe 8 g • Fett 28 g • gesättigte Fettsäuren 4 g • Natrium 671 mg

Zweierlei-Brote-Sandwich

FÜR 1 PORTION

Es mag seltsam erscheinen, eine Scheibe Weizenbrot durch Roggenbrot zu tauschen, aber es verbessert den glykämischen Index jedes Sandwichs.

- 1 Scheibe Roggenvollkornbrot oder Pumpernickel
- 1 Esslöffel Dijon-Senf
- 3 Esslöffel Hummus (Seite 206)
- 1 Scheibe magerer Kochschinken, Fettrand entfernt
- 1 Möhre, geraspelt
- 1 Scheibe Weizenvollkornbrot mit niedrigem GI

Das Roggenbrot mit dem Dijon-Senf bestreichen. Hummus, Kochschinken und Möhrenraspel darauf verteilen. Das Weizenbrot als Deckel daraufsetzen.

VERHÄLTNIS (Kohlenhydrate : Eiweiß) = 4:1

PRO PORTION: Kalorien 373 • Eiweiß 12 g • Kohlenhydrate 41 g • Ballaststoffe 11 g • Fett 16 g • gesättigte Fettsäuren 1 g • Natrium 848 mg

Wan Tans mit Hummus & Hüttenkäse

FÜR 1 PORTION

Hummus kann auch als eiweißreiche Füllung für kleine, gebackene Teigtäschchen verwendet werden. Chiasamen erhöhen zusätzlich den Eiweißanteil und verbessern die Optik.

- 3 Teelöffel Hummus (Seite 206)
- 6 Wan-Tan-Teigblätter
- 1 Ei (Größe L), verquirlt
- 2 Esslöffel Chiasamen
- 3 Teelöffel Hüttenkäse

Den Ofen auf 200 °C vorheizen. Ein Backblech mit Backpapier auslegen.

1 Teelöffel Hummus in die Mitte eines Teigblatts setzen und die Ränder darüber zusammendrücken, sodass sich ein Täschchen ergibt. Die Ränder mit dem Ei bestreichen, die Chiasamen über das Täschchen streuen und das Wan Tan auf das Backblech setzen. Zwei weitere Hummus-Wan-Tans formen und die restlichen Teigblätter mit Hüttenkäse füllen.

Die Wan Tans etwa 10 Minuten im Ofen backen oder bis sie gebräunt und knusprig sind.

VERHÄLTNIS (Kohlenhydrate : Eiweiß) = 2:1

PRO PORTION: Kalorien 396 • Eiweiß 18 g • Kohlenhydrate 31 g • Ballaststoffe 8 g • Fett 20 g • gesättigte Fettsäuren 3 g • Natrium 264 mg

Eier-Gemüse-Salat auf getoastetem Roggenvollkornbrot

FÜR 1 PORTION

Eiersalat auf Roggenbrot ist ein Klassiker; Currypulver und knackiges Gemüse verleihen ihm noch mehr Aroma. Da dieses Sandwich ohne Deckel serviert wird, verbessert sich das Kohlenhydrate-Eiweiß-Verhältnis.

- 120 g fettarmer Natur-Skyr oder Skyr-Ersatz (Seite 231)
- 1 Teelöffel Currypulver
- ¼ kernlose Gurke, gehackt
- ½ kleine grüne Paprikaschote, geputzt und gehackt
- 2 Blumenkohlröschen, gehackt
- ½ kleine rote Zwiebel, fein gehackt
- 1 kleine Dill-Essiggurke, gewürfelt
- 2 Eier (Größe L), hart gekocht und gewürfelt
- Salz und frisch gemahlener schwarzer Pfeffer
- 2 Scheiben Roggenvollkornbrot oder Pumpernickel, getoastet

Skyr und Currypulver in einer Schüssel gründlich verrühren. Gurke, Paprika, Blumenkohl, Zwiebel und Dill-Essiggurke untermischen. Die Eier unterheben und alles mit etwas Salz und Pfeffer würzen.

Den Eiersalat auf das Brot häufen und servieren.

VERHÄLTNIS (Kohlenhydrate : Eiweiß) = 5:3

PRO PORTION: Kalorien 471 • Eiweiß 36 g • Kohlenhydrate 54 g • Ballaststoffe 9 g • Fett 10 g • gesättigte Fettsäuren 3 g • Natrium 691 mg

Gefüllte Paprikaschote mit Lamm, Quinoa & Zitrone

FÜR 1 PORTION

Eingelegte Zitronen sind in der orientalischen Küche, vor allem in Marokko, weit verbreitet. Sie verleihen Getreide, Eintöpfen und anderen Gerichten auf unkomplizierte Weise eine komplexe Zitrusnote. Hier steht sie im Kontrast zu süßen Korinthen und deftigem Lamm.

- 50 g Quinoa, gründlich gespült und abgetropft
- 70 g mageres Lammhackfleisch
- ½ Zucchini, küchenfertig, geraspelt
- 1 Esslöffel gespülte, klein gehackte Salzzitrone nach marokkanischer Art (vor dem Hacken die weiße Hautschicht entfernen)
- 1 Esslöffel gehackte frische Petersilie
- 2 Teelöffel Korinthen
- ¼ Teelöffel Chiliflocken
- Salz und frisch gemahlener schwarzer Pfeffer
- 1 große rote Paprikaschote, halbiert und geputzt
- 100 g gemischte grüne Blattsalate zum Servieren

Die Quinoa mit 175 ml Wasser in einem kleinen Topf bei mittlerer Hitze zum Kochen bringen, dann die Hitze reduzieren. Mit Deckel etwa 12 Minuten köcheln lassen, bis die Quinoa das ganze Wasser aufgenommen hat. Den Topf vom Herd nehmen und die Quinoa abkühlen lassen.

Den Ofen auf 175 °C vorheizen. Ein Backblech mit Backpapier auslegen.

Quinoa, Lammhackfleisch, Zucchini, Salzzitrone, Petersilie, Korinthen und Chiliflocken in einer Schüssel mischen, mit etwas Salz und Pfeffer würzen.

Die Quinoa-Mischung in die Paprikahälften füllen. Die gefüllte Paprika auf das Backblech oder in eine vorbereitete Ofenform legen, mit Aluminiumfolie abdecken und 20 Minuten backen. Die Folie entfernen und 10–15 Minuten weiterbacken, bis das Paprikafleisch weich ist. Die grünen Blattsalate dazu servieren.

VERHÄLTNIS (Kohlenhydrate : Eiweiß) = 2:3

PRO PORTION: Kalorien 358 • Eiweiß 30 g • Kohlenhydrate 21 g • Ballaststoffe 7 g • Fett 16 g • gesättigte Fettsäuren 6 g • Natrium 291 mg

Hähnchenbrust mit Birne, Trauben & Reis

FÜR 1 PORTION

Ein einfaches Abendessen mit einer vielschichtigen Mischung aus Aroma, Konsistenz und Farbe. Eventuell müssen Sie online nach einer Reissorte mit niedrigem GI suchen, doch der Aufwand lohnt sich.

- 50 g Basmatireis mit niedrigem GI, z. B. Laxmi
- Olivenölspray
- 100 g Hähnchenbrust, gehäutet und entbeint
- 1 Birne, in Spalten geschnitten
- 1 Esslöffel Honig
- 30 g Pecorino Romano, fein gehobelt
- Salz und frisch gemahlener schwarzer Pfeffer
- 10 blaue Trauben, halbiert
- 1 kleine Handvoll frische Minzblätter, fein geschnitten
- 1 Esslöffel gehackte Mandeln

Wasser in einem kleinen Topf bei hoher Hitze zum Kochen bringen. Den Reis zugeben und die Hitze reduzieren. Den Reis etwa 20 Minuten köcheln lassen, bis er weich ist, oder nach Packungsanweisung garen.

In der Zwischenzeit eine beschichtete Pfanne mit etwas Olivenöl einsprühen. Die Hähnchenbrust darin bei mittlerer Hitze etwa 8 Minuten braten, bis sie knapp durchgegart ist; dabei einmal wenden.

Birne, Honig und Pecorino Romano in einer kleinen Schüssel mischen, mit etwas Salz und Pfeffer würzen.

Den Reis abgießen. In einer kleinen Schüssel mit Trauben, Minze und Mandeln mischen, mit etwas Salz und Pfeffer würzen.

Das Fleisch aufschneiden und mit Reis sowie Birnensalat servieren.

VERHÄLTNIS (Kohlenhydrate : Eiweiß) = 3:2

PRO PORTION: Kalorien 647 • Eiweiß 54 g • Kohlenhydrate 83 g • Ballaststoffe 5 g • Fett 12 g • gesättigte Fettsäuren 2 g • Natrium 533 mg

Fleischbällchen mit Edamame & Weißkohl

FÜR 4 PORTIONEN

Sie kennen vielleicht die schwedischen Fleischbällchen Köttbullar? Unsere Version mit niedrigerem GI ist gesünder, aber genauso geschmackvoll. Honig bringt eine zarte Süße, sodass die üblichen Preiselbeeren gar nicht fehlen.

- 250 g mageres Kalbshackfleisch
- 250 g mageres Rinderhackfleisch
- 30 g grobe Roggenflocken oder kernige Haferflocken, falls nötig etwas mehr
- 3 Eier (Größe L), verquirlt
- 6 Esslöffel Milch
- 6 Esslöffel Apfelsaft
- 1 Knoblauchzehe, fein gehackt
- Salz und frisch gemahlener schwarzer Pfeffer
- 2 Esslöffel Rapsöl
- 120 g Hüttenkäse
- 1 Esslöffel Honig
- frisch gepresster Saft von ½ Zitrone
- ¼ Kopf Weißkohl, Strunk entfernt und in feine Streifen geschnitten
- 30 g enthülste Tiefkühl-Edamame, aufgetaut
- grob gehackter frischer Dill

Kalbs- und Rinderhackfleisch mit Roggenflocken, Eiern, Milch, Apfelsaft und Knoblauch in eine Schüssel geben. Mit etwas Salz und Pfeffer würzen und mit den Händen gründlich verkneten. Falls die Mischung zu feucht ist, noch mehr Flocken unterkneten. Sie sollten 16 Fleischbällchen daraus formen können.

Das Rapsöl in einer Pfanne bei mittlerer Hitze erwärmen. Die Bällchen hineinlegen und etwa 10 Minuten braten, bis sie rundum gebräunt und durchgegart sind. (Alternativ können Sie die Bällchen in der Pfanne anbraten und im vorgeheizten Ofen bei 160 °C in 5–8 Minuten fertig backen.)

Hüttenkäse, Honig und Zitronensaft in einer kleinen Schüssel verrühren und mit etwas Salz sowie Pfeffer würzen.

Weißkohl, Edamame und Dill in einer mittelgroßen Schüssel vermengen.

Die Fleischbällchen mit Kohlsalat und Hüttenkäse-Mischung servieren.

VERHÄLTNIS (Kohlenhydrate : Eiweiß) = 3:5

PRO PORTION: Kalorien 513 • Eiweiß 53 g • Kohlenhydrate 31 g • Ballaststoffe 3 g • Fett 19 g • gesättigte Fettsäuren 4 g • Natrium 265 mg

Rinderlende mit Salz-Essig-Kartoffeln

FÜR 1 PORTION

Eine gesündere Version von Steak mit Pommes frites (oder Salt-and-Vinegar-Chips). Servieren Sie zu diesem Gericht unbedingt reichlich Gemüse.

- Olivenölspray
- 150 g Rinderlende
- 4 kleine oder 2 mittelgroße längliche Kartoffeln, geschält und in mundgerechte Stücke geschnitten
- 3½ Esslöffel Apfelweinessig
- 1 frischer Rosmarinzweig plus etwas frischer Rosmarin zum Servieren
- Salz und frisch gemahlener schwarzer Pfeffer
- frisch gehobelter Parmesan zum Servieren

Eine beschichtete Pfanne oder Grillpfanne mit etwas Olivenöl einsprühen und bei mittlerer bis hoher Hitze erwärmen. Das Steak darin 2–3 Minuten pro Seite braten, dann auf ein Schneidebrett legen und ruhen lassen.

Die Pfanne wieder auf mittlere Hitze erwärmen und die Kartoffeln darin unter häufigem Wenden in etwa 5 Minuten leicht bräunen. Apfelweinessig, 6 Esslöffel Wasser, Rosmarin und etwas Salz zugeben. Aufkochen und ohne Rühren mindestens 4 Minuten weiterkochen, bis die Flüssigkeit verdampft ist und die Kartoffeln auf einer Seite eine zarte Kruste haben und weich sind. Die Pfanne schütteln, damit sich die Kartoffeln lösen. Mit etwas Pfeffer würzen.

Das Steak aufschneiden und auf einem Teller mit den Kartoffeln anrichten. Beides mit Parmesan sowie Rosmarin bestreuen und servieren.

VERHÄLTNIS (Kohlenhydrate : Eiweiß) = 1:1

PRO PORTION: Kalorien 552 • Eiweiß 43 g • Kohlenhydrate 36 g • Ballaststoffe 5 g • Fett 24 g • gesättigte Fettsäuren 10 g • Natrium 375 mg

Lachs mit Avocado, Erbsen & Fenchel

FÜR 1 PORTION

Lachs ist in ganz Skandinavien eine feste Größe beim Abendessen. Wählen Sie möglichst wild gefangenen Fisch oder Lachs aus Bio-Aquakultur.

- 150 g Lachsfilet
- 1 Teelöffel gemahlener Kreuzkümmel
- 70 g Erbsen, tiefgekühlt
- 1 Avocado, entsteint, geschält und fein gewürfelt
- abgeriebene Schale und frisch gepresster Saft von ½ Bio-Zitrone
- Salz
- ¼ Fenchelknolle, möglichst dünn gehobelt
- 1 kleine Handvoll frische Dillspitzen, grob gehackt
- 2 Esslöffel geröstete Sesamsamen (Seite 100; optional)
- 2 Esslöffel fettarmer Natur-Skyr oder Skyr-Ersatz (Seite 231)

Den Ofen auf 175 °C vorheizen. Ein Backblech mit Backpapier auslegen.

Das Lachsfilet mit der Hautseite nach unten auf das Blech legen und mit dem Kreuzkümmel bestreuen. Den Fisch etwa 12 Minuten im Ofen braten, bis er knapp durchgegart ist.

In der Zwischenzeit Wasser in einem kleinen Topf zum Kochen bringen. Die Erbsen darin 4–5 Minuten garen beziehungsweise bis sie weich sind; dann abgießen und abkühlen lassen.

Die Avocado in einer Schüssel mit Zitronenschale sowie Zitronensaft vermengen und leicht salzen. Fenchel, Erbsen und Dill unterheben. Die Mischung auf einem Teller anrichten und den Lachs dazusetzen. Nach Wunsch mit den gerösteten Sesamsamen bestreuen und mit dem Skyr servieren.

HINWEIS: Wenn Sie es kalorienärmer wünschen, nur ½ Avocado verarbeiten.

VERHÄLTNIS (Kohlenhydrate : Eiweiß) = 1:4

PRO PORTION: Kalorien 540 • Eiweiß 27 g • Kohlenhydrate 7 g • Ballaststoffe 8 g • Fett 44 g • gesättigte Fettsäuren 10 g • Natrium 130 mg

Offenes Sandwich mit Lachs, Ingwer & Limette

FÜR 1 PORTION

Wenn Sie nicht sicher sind, wie frisch Ihr Lachs ist, ersetzen Sie ihn durch die gleiche Menge Graved (gebeizten) Lachs oder norwegischen Räucherlachs. Das Ergebnis ist genauso köstlich.

- 120 g Lachsfilet in Sushi-Qualität, dünn quer zur Fleischfaser geschnitten
- Salz und frisch gemahlener schwarzer Pfeffer
- 1 Teelöffel fein gehackter frischer Ingwer
- abgeriebene Schale und frisch gepresster Saft von 1 Bio-Limette
- 1 Scheibe Roggenvollkornbrot oder Pumpernickel, getoastet
- 3 bittere Salatblätter, z. B. Radicchio
- 1 Ei (Größe L), hart gekocht und halbiert
- frische Dillspitzen zum Servieren

Den Lachs auf einen Teller legen, mit etwas Salz und Pfeffer würzen. Den Fisch mit Ingwer und Limettenschale bestreuen, mit Limettensaft beträufeln.

Das Sandwich aus Roggenvollkornbrot, Salat, Lachs, Ei und dem Dill als Garnitur zusammensetzen.

VERHÄLTNIS (Kohlenhydrate : Eiweiß) = 1:2

PRO PORTION: Kalorien 414 • Eiweiß 35 g • Kohlenhydrate 19 g • Ballaststoffe 4 g • Fett 21 g • gesättigte Fettsäuren 6 g • Natrium 459 mg

Schweinelende mit Salbei-Halloumi-Füllung

FÜR 1 PORTION

Schweinelende gart schnell, was ideal für rasche Abendessen ist. Mit Salbei und Birne wird ein perfektes Herbstgericht daraus.

- 1 kleine Fenchelknolle, in Spalten geschnitten
- ½ rote Zwiebel, in Spalten geschnitten
- 1 kleine, feste reife Birne, entkernt und in Spalten geschnitten
- 2 Teelöffel Balsamicoessig
- Olivenölspray
- Salz und frisch gemahlener schwarzer Pfeffer
- 150 g Schweinelende
- 15 g (etwa 2 Esslöffel) Halloumi
- 3 frische Salbeiblätter
- 1 Portion abgepackte Rucolablätter

Den Ofen auf 175 °C vorheizen. Ein Backblech mit Backpapier auslegen.

Fenchel, Zwiebel und Birne auf dem Blech verteilen. Mit 1 Teelöffel Balsamicoessig beträufeln, mit etwas Olivenöl besprühen und mit etwas Salz sowie Pfeffer würzen; dann 10 Minuten im Ofen rösten.

In der Zwischenzeit mit einem scharfen Messer eine tiefe Tasche in die Seite des Filets schneiden, ohne es ganz durchzuschneiden, und mit Halloumi sowie Salbeiblättern füllen.

Eine kleine beschichtete Pfanne mit etwas Olivenöl einsprühen, bei hoher Hitze erwärmen und das Filet darin 1–2 Minuten pro Seite goldbraun anbraten. Das Fleisch zu dem Gemüse auf das Backblech geben und zusammen 12–15 Minuten weiterrösten, bis das Fleisch knapp durchgegart und das Gemüse zart und leicht gebräunt ist. Das Filet auf einen Teller legen, locker mit Aluminiumfolie abdecken und 3 Minuten ruhen lassen.

Das Fleisch in dicke Scheiben schneiden und auf einem Teller anrichten. Gemüse und Rucola danebensetzen, mit restlichem Balsamicoessig beträufeln.

VERHÄLTNIS (Kohlenhydrate : Eiweiß) = 3:4

PRO PORTION: Kalorien 376 • Eiweiß 40 g • Kohlenhydrate 30 g • Ballaststoffe 10 g • Fett 10 g • gesättigte Fettsäuren 3 g • Natrium 607 mg

Kabeljau mit Möhren & Haselnüssen

FÜR 1 PORTION

Dieses Blechgericht bietet allen Backfisch-Fans eine gesunde Alternative. Anstatt der Teigpanade sorgen Chiasamen und Haselnüsse für Knusprigkeit.

- 150 g Kabeljaufilet, gehäutet
- 1 Eiweiß (Ei, Größe L)
- 1 Esslöffel Chia- oder Sesamsamen
- frisch gepresster Saft von ½ Zitrone
- 2 Möhren, längs halbiert
- 1 Keil Weißkohl (etwa ⅛ kleiner Kopf)
- Salz und frisch gemahlener schwarzer Pfeffer
- 5 Zweige frischer Thymian
- 2 Esslöffel fettarmer Natur-Skyr oder Skyr-Ersatz (Seite 231)
- 1 Esslöffel grob gehackte, geröstete Haselnusskerne (Seite 80)

Den Ofen auf 200 °C vorheizen. Ein Backblech mit Backpapier auslegen.

Den Fisch durch das Eiweiß ziehen, in den Chiasamen wälzen, auf das Blech legen und mit dem Zitronensaft beträufeln. Möhren und Weißkohl daneben verteilen. Mit etwas Salz sowie Pfeffer würzen und mit dem Thymian bestreuen. Alles 7–10 Minuten im Ofen backen, bis der Fisch gar ist.

Fisch und Gemüse auf einem Teller anrichten, den Skyr daraufsetzen und die Haselnüsse darüber verteilen.

VERHÄLTNIS (Kohlenhydrate : Eiweiß) = 2:3

PRO PORTION: Kalorien 572 • Eiweiß 35 g • Kohlenhydrate 23 g • Ballaststoffe 21 g • Fett 33 g • gesättigte Fettsäuren 3 g • Natrium 460 mg

Zitronenhähnchen mit gerösteter Süßkartoffel & Rucola

FÜR 1 PORTION

Süßkartoffeln haben einen niedrigen glykämischen Index und passen perfekt zu dem würzig-süßen Huhn in Zitrussauce.

- 1 kleine Süßkartoffel (etwa 200 g), geschält und in 1 cm breite Scheiben geschnitten
- Olivenölspray
- ½ kleine rote Zwiebel, in dünne Ringe geschnitten
- 150 g Hähnchenbrust, enthäutet und entbeint, in 2 cm große Stücke geschnitten
- 1 Knoblauchzehe, in dünne Scheiben geschnitten
- 125 ml frisch gepresster Orangensaft
- ½ Teelöffel fein abgeriebene Schale einer Bio-Zitrone
- 1 Esslöffel frisch gepresster Zitronensaft
- ½ Teelöffel Wildblütenhonig
- Salz und frisch gemahlener schwarzer Pfeffer
- 1 große Handvoll abgepackter Rucola zum Servieren

Den Ofen auf 175 °C vorheizen. Ein Backblech mit Backpapier auslegen.

Die Süßkartoffelscheiben nebeneinander auf dem Backblech verteilen und mit etwas Olivenöl besprühen. Die Scheiben 25–30 Minuten garen, bis sie goldbraun und weich sind.

In der Zwischenzeit eine große beschichtete Pfanne mit Olivenöl einsprühen und auf hoher Hitze erwärmen. Zwiebel und Hähnchenbrust darin 4 Minuten unter gelegentlichem Wenden braten, bis das Fleisch hell gebräunt ist. Den Knoblauch zugeben und 30 Sekunden weiterbraten. Orangensaft, Zitronenschale, Zitronensaft und Wildblütenhonig einrühren und 3 Minuten köcheln lassen, bis das Fleisch gar und die Sauce sirupartig eingekocht ist. Mit etwas Salz und Pfeffer würzen.

Das Zitronenhähnchen mit Süßkartoffelscheiben und Rucola servieren.

VERHÄLTNIS (Kohlenhydrate : Eiweiß) = 1:1

PRO PORTION: Kalorien 448 • Eiweiß 41 g • Kohlenhydrate 49 g • Ballaststoffe 8 g • Fett 8 g • gesättigte Fettsäuren 2 g • Natrium 110 mg

In Bier geschmorte Kalbsbrust mit Thymian

FÜR 2 PORTIONEN

Schmoren in Bier macht Kalbfleisch sehr zart und gibt ihm ein volles Aroma. Dies ist ein wunderbares Wochenendgericht, das auch für Gäste geeignet ist.

- 2 Teelöffel Olivenöl
- 700 g Kalbsbrust am Knochen
- 250 g Gemüse der Saison, z. B. Möhren, gehackt
- 1 Handvoll frische Thymianzweige
- 1 Teelöffel Dijon-Senf
- 350 ml Dunkelbier
- Salz und frisch gemahlener schwarzer Pfeffer
- 1 Radicchio, in Blätter zerteilt
- 1 Scheibe Vollkornbrot mit niedrigem GI

Das Olivenöl in einem Topf mit schwerem Boden bei mittlerer Temperatur erhitzen. Das Fleisch darin etwa 5 Minuten rundum anbraten. Gemüse, die Hälfte des Thymians und Dijon-Senf zugeben und etwa 2 Minuten schmoren. Das Dunkelbier und 500 ml Wasser angießen und zum Kochen bringen. Den Deckel aufsetzen und das Fleisch bei mittlerer Hitze etwa 1 ½ Stunden darin garen. Dann mit etwas Salz und Pfeffer würzen, den Radicchio zugeben und weitere 10 Minuten weitergaren, bis er zusammengefallen und weich ist.

Das Fleisch mit einem Schaumlöffel aus dem Topf heben, aufschneiden und mit dem Gemüse auf zwei Tellern anrichten. Den restlichen Thymian darüberstreuen, die Scheibe Vollkornbrot halbieren und dazu reichen.

VERHÄLTNIS (Kohlenhydrate : Eiweiß) = 1:2

PRO PORTION: Kalorien 366 • Eiweiß 38 g • Kohlenhydrate 35 g • Ballaststoffe 3 g • Fett 5 g • gesättigte Fettsäuren 11 g • Natrium 707 mg

Hühnersuppe mit Linsen & Mangold

FÜR 4 PORTIONEN

Diese Suppe kann ohne Weiteres in größeren Mengen zubereitet werden. So haben Sie unter der Woche eine schnelle Mahlzeit. Außerdem kann sie sogar eingefroren werden und ist ziemlich eiweißreich – essen Sie gern eine Scheibe Brot mit niedrigem GI dazu.

- 2 Teelöffel Olivenöl
- 1 große Zwiebel, gehackt
- 2 Möhren, gewürfelt
- 2 Stangen Sellerie, küchenfertig geputzt und gewürfelt
- 2 Knoblauchzehen, zerstoßen
- 1 Teelöffel gemahlener Kreuzkümmel
- 1 Liter salzreduzierte Hühnerbrühe
- 2 Hähnchenbrüste (à etwa 200 g), entbeint und gehäutet
- 200 g grüne Linsen
- 150 g Mangold, in Streifen geschnitten
- frisch gepresster Zitronensaft
- frisch gemahlener schwarzer Pfeffer

Das Olivenöl in einem großen Topf bei mittlerer Hitze erwärmen. Zwiebel, Möhren sowie Sellerie zugeben und 5–6 Minuten darin unter Rühren anbraten, bis das Gemüse weich ist. Knoblauch und Kreuzkümmel unterrühren und 1 Minute mitbraten.

Die Hühnerbrühe sowie 500 ml Wasser zugießen und aufkochen. Das Fleisch hineinlegen, die Hitze reduzieren, den Deckel aufsetzen und das Fleisch 7–8 Minuten sanft köcheln lassen, bis es knapp durchgegart ist; dann aus der Brühe heben und abkühlen lassen. In der Zwischenzeit die Linsen in den Topf geben und aufkochen. Dann die Hitze reduzieren und mit schräg aufliegendem Deckel 30–35 Minuten weiterköcheln lassen, bis die Linsen weich sind. Falls die Suppe zu dick wird, mehr Wasser zugießen. Das Hähnchenfleisch klein schneiden und mit dem Mangold in den Topf geben. Alles weitere 5 Minuten köcheln lassen, dann mit Zitronensaft und Pfeffer abschmecken.

Die übrige Suppe in einem luftdichten Behälter einfrieren oder im Kühlschrank 2–3 Tage aufbewahren.

VERHÄLTNIS (Kohlenhydrate : Eiweiß) = 1:3

PRO PORTION: Kalorien 221 • Eiweiß 29 g • Kohlenhydrate 12 g • Ballaststoffe 5 g • Fett 6 g • gesättigte Fettsäuren 1 g • Natrium 1,179 mg

Pizza mit Hähnchen & Gemüse

FÜR 1 PORTION

Unser Ernährungsplan schließt kein Gericht aus, und das gilt auch für Pizza. Wählen Sie dünnen Vollkornboden mit möglichst wenig Belag und servieren Sie die Pizza zu viel gesundem, saisonalem Gemüse.

- 1 Esslöffel Olivenöl
- 120 g Hähnchenbrust, entbeint und gehäutet
- 130 g Möhren, Brokkoli oder anderes Gemüse der Saison, in dünne Scheiben geschnitten
- ¼ frische oder gefrorene Pizza mit Tomatensauce (vorzugsweise Vollkorn, mit nur wenig anderem Belag)
- abgeriebene Schale und frisch gepresster Saft von ½ Bio-Zitrone
- frische Basilikumblätter zum Servieren
- gehobelter Parmesan zum Servieren

Den Backofen auf 200 °C vorheizen. Ein Backblech oder Pizzablech mit Backpapier auslegen.

Die Hälfte des Olivenöls in einer beschichteten Pfanne bei mittlerer Hitze erwärmen. Die Hähnchenbrust darin in 8–10 Minuten durchbraten, dann auf ein Schneidebrett legen und in mundgerechte Stücke schneiden.

Das restliche Öl in der gleichen Pfanne erhitzen und das Gemüse darin bei mittlerer Hitze bissfest braten.

Die Pizza auf das Backblech legen und nach Anweisung backen. Dann aus dem Ofen nehmen, mit der Zitronenschale bestreuen und mit dem Zitronensaft beträufeln. Basilikum und Parmesan darüber verteilen und mit Hähnchen und Gemüse servieren.

VERHÄLTNIS (Kohlenhydrate : Eiweiß) = 1:1 (geschätzt, wegen abweichender Zutaten)

PRO PORTION: Kalorien 718 • Eiweiß 51 g • Kohlenhydrate 45 g • Ballaststoffe 14 g • Fett 35 g • gesättigte Fettsäuren 10 g • Natrium 670 mg

Thunfisch mit Wasabi, Weißkohl, Mandeln & Gurke

FÜR 1 PORTION

Diese Mahlzeit mit Lebensmitteln aus der Vorratskammer ist schnell zubereitet und liefert eine Vielfalt an Aroma, Konsistenz und Biss.

- 10 Scheiben kernlose Gurke
- 1 Teelöffel Sojasauce
- ½ Teelöffel Wasabi-Paste oder mehr, nach Geschmack
- ¼ Kopf Weißkohl, in dünne Streifen geschnitten
- fein abgeriebene Schale und frisch gepresster Saft von ½ Bio-Zitrone
- 70 g Thunfisch im eigenen Saft (Konserve), abgegossen
- 2 Esslöffel grob gehackte, geröstete Mandeln (Seite 99)
- fettarmer Natur-Skyr oder Skyr-Ersatz (Seite 231) zum Servieren (optional)

Gurke, Sojasauce und Wasabi-Paste in einer kleinen Schüssel mischen.

Den Weißkohl in einer Schüssel mit Zitronenschale und Zitronensaft vermengen. Gurkenmischung, Thunfisch sowie Mandeln unterheben und nach Geschmack einen Klecks Skyr daraufsetzen.

VERHÄLTNIS (Kohlenhydrate : Eiweiß) = 1:2 (ohne Skyr)

PRO PORTION: Kalorien 367 • Eiweiß 34 g • Kohlenhydrate 17 g • Ballaststoffe 10 g • Fett 16 g • gesättigte Fettsäuren 2 g • Natrium 1,754 mg

Hähnchenkeulen mit Fenchel & Linsen

FÜR 1 PORTION

Dieses Gericht eignet sich für ein alltägliches Familienessen gleichermaßen wie als Teil eines Menüs für Gäste.

- 2 mittelgroße oder 3 sehr kleine Hähnchenunterkeulen
- 1 Teelöffel gemahlene Fenchelsamen
- Salz
- 1 Pastinake, geschält und längs geviertelt
- Olivenölspray
- 100 g grüne Linsen
- 1 Esslöffel Honig
- 1 Esslöffel Dijon-Senf
- frisch gepresster Saft von 1 Limette
- 1 Teelöffel frische Thymianblätter

Den Ofen auf 175 °C vorheizen. Ein Backblech mit Backpapier auslegen.

Die Hähnchenkeulen mit den Fenchelsamen einreiben und mit etwas Salz würzen; mit den Pastinaken auf das Backblech legen und mit etwas Olivenöl besprühen. Die Keulen 40 Minuten braten, bis sie durchgegart sind und die Pastinaken weich sind.

In der Zwischenzeit Wasser in einem Topf bei mittlerer Hitze zum Kochen bringen. Die Linsen darin in 12–14 Minuten fast weich kochen; dann abgießen und unter kaltem Wasser spülen, um sie abzukühlen. Die Linsen in einer Schüssel mit Honig, Dijon-Senf, Limettensaft und Thymian mischen.

Hähnchenkeulen und Pastinaken auf den Linsen servieren.

VERHÄLTNIS (Kohlenhydrate : Eiweiß) = 1:1

PRO PORTION: Kalorien 307 • Eiweiß 55 g • Kohlenhydrate 48 g • Ballaststoffe 11 g • Fett 30 g • gesättigte Fettsäuren 8 g • Natrium 674 mg

Lachsbällchen mit Kichererbsen & Weißkohl

FÜR 1 PORTION

Wenn Sie eine Æbleskiver-Pfanne für traditionelles skandinavisches Siedegebäck besitzen, bereiten Sie die Lachsbällchen darin zu. Die Vertiefungen machen das Wenden der empfindlichen Bällchen kinderleicht.

- 150 g Kichererbsen (Konserve), abgegossen, gespült
- 150 g Lachsfilet ohne Haut, fein gehackt
- abgeriebene Schale und frisch gepresster Saft von 1 Bio-Limette
- 1 Ei (Größe L), verquirlt
- 1 Esslöffel fein gehackter frischer Ingwer
- 1 Teelöffel entkernte, zerstoßene rote Chilischote, z. B. Fresno oder Jalapeño
- Salz und frisch gemahlener schwarzer Pfeffer
- 2 Teelöffel Olivenöl
- ¼ Kopf Weißkohl, gehackt
- 2 Stängel frischer Dill
- 120 g fettarmer Natur-Skyr oder Skyr-Ersatz (Seite 231)
- 1 Teelöffel gemahlener Kreuzkümmel

Die Kichererbsen fein hacken und in einer Schüssel mit Lachs, Limettenschale, Limettensaft (1 Teelöffel aufheben), Ei, Ingwer und Chili mischen. Alles mit etwas Salz sowie Pfeffer würzen und vermengen, daraus 6 Bällchen formen.

Das Öl in einer Pfanne bei mittlerer Hitze erwärmen. Die Lachsbällchen 6–8 Minuten darin braten, bis sie durchgegart sind; dabei öfter wenden. Die Bällchen auf einen Teller setzen und abdecken, damit sie warm bleiben.

Den Weißkohl in die Pfanne geben, mit dem restlichen Limettensaft, Dill sowie etwas Salz und Pfeffer würzen und etwa 5 Minuten bei mittlerer Hitze dünsten, bis der Kohl weich wird.

Skyr und Kreuzkümmel in einer kleinen Schüssel mischen und salzen.

Die Lachsbällchen mit Kohl und einem Klecks Skyr servieren.

VERHÄLTNIS (Kohlenhydrate : Eiweiß) = 1:1

PRO PORTION: Kalorien 566 • Eiweiß 48 g • Kohlenhydrate 54 g • Ballaststoffe 12 g • Fett 20 g • gesättigte Fettsäuren 8 g • Natrium 764 mg

Edamame mit Weißkohl & Dill

FÜR 1 PORTION

Fleischlose Vorspeisen müssen nicht unbedingt eiweißarm sein. Bestes Beispiel dafür ist diese Gemüse-Hüttenkäse-Mischung. Etwas Honig sowie Dill und Zitronenschale sorgen für eine ganz besondere Geschmacksnote.

- 120 g Hüttenkäse
- 1 Esslöffel Wildblütenhonig
- 1 Teelöffel fein gehackter frischer Dill oder mehr nach Geschmack
- abgeriebene Schale und frisch gepresster Saft von ½ Bio-Zitrone
- Salz und frisch gemahlener schwarzer Pfeffer
- ¼ Kopf Weißkohl, entkernt und klein geschnitten
- 100 g Tiefkühl-Edamame, aufgetaut

Hüttenkäse, Wildblütenhonig, Dill, Zitronenschale sowie Zitronensaft in einer kleinen Schüssel mischen, mit etwas Salz und Pfeffer würzen.

Weißkohl und Edamame in einer Servierschüssel vermengen, die Hüttenkäse-Mischung unterheben und servieren.

VERHÄLTNIS (Kohlenhydrate : Eiweiß) = 1:1

PRO PORTION: Kalorien 274 • Eiweiß 21 g • Kohlenhydrate 46 g • Ballaststoffe 11 g • Fett 3 g • gesättigte Fettsäuren 4 g • Natrium 481 mg

Pasta Bolognese

FÜR 2 PORTIONEN

Ein herzhaftes Nudelgericht, das durch Linsen und Knollensellerie noch sättigender wird. Nur 40 Gramm Pasta pro Portion sorgen für volle Zufriedenheit, und das mit einem Bruchteil der normalen Kalorien.

- Olivenölspray
- 250 g mageres Rinderhackfleisch
- 1 Zwiebel, gehackt
- 1 Möhre, gehackt
- 1 Knoblauchzehe, fein gehackt
- 2 Dosen (à 400 g) gewürfelte Tomaten
- Salz und frisch gemahlener schwarzer Pfeffer
- 100 g grüne Linsen
- 80 g Vollkornpasta
- 1 Tomate, in Spalten geschnitten
- 1 Esslöffel Olivenöl
- frisch gepresster Saft von ½ Zitrone
- 2 Esslöffel frisch geriebener Parmesan
- 80 g Knollensellerie, geschält und gerieben

Eine tiefe Pfanne mit etwas Olivenöl einsprühen und bei mittlerer bis hoher Hitze erwärmen. Rinderhackfleisch, Zwiebel, Möhre sowie Knoblauch zugeben und 6–8 Minuten garen, bis das Fleisch gebräunt ist; dabei häufig umrühren. Tomaten und Saft (aus der Dose) zugeben und aufkochen. Die Hitze stark reduzieren und die Sauce ohne Deckel 20 Minuten oder länger kochen, bis sie eindickt; mit etwas Salz und Pfeffer würzen.

In der Zwischenzeit Wasser in einem Topf bei mittlerer bis hoher Hitze zum Kochen bringen. Die Linsen darin 12–14 Minuten kochen, bis sie gerade weich sind; mit etwas Salz und Pfeffer würzen.

In einem zweiten Topf Salzwasser bei hoher Hitze zum Kochen bringen. Die Pasta in das Wasser geben und nach Packungsanweisung al dente kochen; dann abgießen und kurz abbrausen.

Linsen, Tomate, Olivenöl und Zitronensaft mit 1 Prise Salz in einer kleinen Schüssel verrühren.

Die Fleischsauce über die Pasta geben, Parmesan sowie Knollensellerie darüberstreuen und mit dem Linsensalat als Beilage servieren. Alternativ die Linsenmischung in die Fleischsauce rühren.

VERHÄLTNIS (Kohlenhydrate : Eiweiß) = 1:1

PRO PORTION: Kalorien 653 • Eiweiß 49 g • Kohlenhydrate 44 g • Ballaststoffe 15 g • Fett 28 g • gesättigte Fettsäuren 9 g • Natrium 539 mg

Hähnchen mit Aubergine, Tomate & Zimt

FÜR 4 PORTIONEN

Zimt ist ein wirkungsvolles Antioxidans. Bei diesem Brathähnchen in einem Bett aus cremiger Aubergine sorgt er für zusätzliche Wärme von innen.

- Olivenölspray
- 1 ganzes Hähnchen (etwa 1400 g)
- Salz
- 1 Teelöffel Zimtpulver
- 1 längliche Aubergine, längs halbiert
- 1 kleine Handvoll frische Petersilienblätter, gehackt
- 120 g fettarmer Natur-Skyr oder Skyr-Ersatz (Seite 231)
- 1 Esslöffel Olivenöl
- 1 Tomate, geviertelt

Den Ofen auf 200 °C vorheizen. Einen Bräter mit etwas Olivenöl einsprühen.

Das Rückgrat des Hähnchens mit einem langen, scharfen Messer oder der Geflügelschere ausschneiden und entsorgen. Mit einer Hand fest auf die Brust drücken (Hautseite oben), damit sie flach wird; mit etwas Salz und Zimt würzen. Das Hähnchen im Bräter 50–55 Minuten braten, bis kein rosa Fleischsaft mehr austritt, wenn man in das Keulengelenk einsticht.

In der Zwischenzeit die Aubergine mit etwas Salz bestreuen und in einem Sieb 20 Minuten abtropfen lassen, um den bitteren Saft zu entfernen; dann abspülen und trocken tupfen. Zu dem Hähnchen in den Bräter legen und die letzten 20–30 Minuten mitbraten, bis das Auberginenfleisch weich ist.

Die Auberginenhaut abziehen und entsorgen. Das Auberginenfleisch im Mixer cremig pürieren und in einer kleinen Schüssel mit Petersilie und Skyr mischen; mit dem Olivenöl beträufeln.

Das Hähnchen mit Auberginenpüree und Tomatenspalten servieren.

VERHÄLTNIS (Kohlenhydrate : Eiweiß) = 1:12

PRO PORTION: Kalorien 607 • Eiweiß 61 g • Kohlenhydrate 5 g • Ballaststoffe 3 g • Fett 38 g • gesättigte Fettsäuren 11 g • Natrium 240 mg

Tofu im Chiamantel mit Tomaten, Spinat & Grüne-Bohnen-Reis

FÜR 1 PORTION

Wer die Konsistenz von Tofu nicht mag, lässt sich vielleicht von diesem farbenfrohen, fleischlosen Pfannengericht umstimmen. Chia sorgt hier für eine knusprige Kruste und verleiht dem Tofu mehr Biss.

- 2 Teelöffel schwarze Chiasamen
- 120 g fester Tofu, längs in vier Streifen geschnitten
- Olivenölspray
- 6 Kirschtomaten, halbiert
- 70 g grüne Bohnen, in kleine Stücke geschnitten
- 120 g gekochter Basmatireis mit niedrigem GI
- 50 g abgepackter frischer Baby-Spinat
- 2 Teelöffel salzreduzierte Sojasauce
- 1 Teelöffel geröstetes Sesamöl

Die Chiasamen auf einen kleinen Teller schütten. Jeden Tofustreifen mit einer Längsseite hineindrücken, sodass er mit Chia bedeckt ist; beiseitestellen.

Eine große beschichtete Pfanne mit etwas Olivenöl einsprühen und bei hoher Hitze erwärmen. Tomaten und Bohnen 2–3 Minuten darin braten, bis die Bohnen bissfest gegart sind. Reis und Spinat unterrühren und 1–2 Minuten mitgaren, bis der Reis durcherhitzt ist und der Spinat zusammenfällt. Sojasauce und Sesamöl einrühren, dann alles in eine Schüssel umfüllen und zudecken, damit der Reis warm bleibt.

Die Pfanne sauber reiben, mit weiterem Olivenöl einsprühen und wieder erhitzen. Den Tofu 2 Minuten pro Seite darin braten, bis die Seite ohne Chiasamen goldgelb ist. Den gebratenen Tofu zu Gemüse und Reis servieren.

VERHÄLTNIS (Kohlenhydrate : Eiweiß) = 2:1

PRO PORTION: Kalorien 468 • Eiweiß 24 g • Kohlenhydrate 42 g • Ballaststoffe 16 g • Fett 19 g • gesättigte Fettsäuren 3 g • Natrium 429 mg

Geschmortes Wurzelgemüse mit Chorizo

FÜR 1 PORTION

Vorgebrühte Würstchen sind ein Trumpf im Ärmel aller Alltagsköche. In der Pfanne mit Gemüse und reichlich frischen Kräutern gebraten, bieten sie in unter 15 Minuten die Aromen lang gegarter Speisen.

- Olivenölspray
- 100 g geräucherte Chorizo oder vorgebrühte Schweine-, Hühner- oder Truthahnwürstchen
- 1 kleine Möhre, in 1,25 cm breite Stücke geschnitten
- 1 kleine Pastinake, geschält und in 1,25 cm breite Stücke geschnitten
- ¼ Zwiebel, in schmale Spalten geschnitten
- grobes Salz
- 1 Handvoll gemischte Kräuter, z. B. Petersilie, Schnittlauch und Thymian

Eine beschichtete hohe Pfanne mit etwas Olivenöl einsprühen und bei mittlerer bis hoher Hitze erwärmen. Die Wurst darin 2 Minuten braten, bis sie zu bräunen beginnt; dabei mehrmals wenden. Das Gemüse zugeben und die Hitze auf mittlere Temperatur reduzieren. Alles 8–10 Minuten garen, bis die Wurst durcherhitzt und das Gemüse weich, aber noch bissfest ist. Die Wurst herausnehmen, in dicke Scheiben schneiden und unter das Gemüse heben.

Wurst und Gemüse salzen, mit den Kräutern bestreuen und servieren.

VERHÄLTNIS (Kohlenhydrate : Eiweiß) = 1:2

PRO PORTION: Kalorien 331 • Eiweiß 19 g • Kohlenhydrate 11 g • Ballaststoffe 6 g • Fett 23 g • gesättigte Fettsäuren 7 g • Natrium 832 mg

Garnelen mit Chili, Grapefruit & Rotkohl

FÜR 1 PORTION

Mit den pikanten Akzenten von Chili, Soja- und Fischsauce ist dieses Pfannengericht zwar nicht traditionell skandinavisch, es punktet jedoch mit Farbe und Aroma, wenn Ihre Geschmacksnerven Auftrieb brauchen.

- 2 Teelöffel Olivenöl
- 70 g Rotkohl, in feine Streifen geschnitten
- ½ rote Zwiebel, in feine Ringe geschnitten
- 150 g kleine Garnelen, geschält und Därme entfernt
- ½ frische rote Chilischote, z. B. Fresno oder Jalapeño, entkernt und in feine Ringe geschnitten
- ½ Pink Grapefruit, geschält und in Spalten geschnitten
- 1 Esslöffel geröstete Mandelblättchen (Seite 99)
- 1 Esslöffel Sojasauce
- 1 Esslöffel Fischsauce
- frisch gemahlener schwarzer Pfeffer

Das Olivenöl in einem Wok bei hoher Hitze erwärmen. Rotkohl und Zwiebel darin in etwa 2 Minuten unter ständigem Rühren weich braten. Garnelen und Chili unterheben und 2–3 Minuten garen, bis die Garnelen undurchsichtig werden. Grapefruit, Mandelblättchen, Sojasauce, Fischsauce und Pfeffer hinzufügen. Alle Zutaten vermengen, auf einen Teller geben und servieren.

VERHÄLTNIS (Kohlenhydrate : Eiweiß) = 1:2

PRO PORTION: Kalorien 333 • Eiweiß 29 g • Kohlenhydrate 12 g • Ballaststoffe 7 g • Fett 17 g • gesättigte Fettsäuren 2 g • Natrium 2,905 mg

Schweinekotelett mit Minze, Kartoffeln & Orange

FÜR 1 PORTION

Schweinefleisch passt besonders gut zu pikant-süß-salzigen Saucen wie dieser hier. Für eine elegante Optik sorgen Stielkoteletts.

- Olivenölspray
- 1 Schweinelendenkotelett mit Knochen (knapp 200 g)
- ½ Blutorange, geschält und in Spalten geschnitten
- 10 große frische Minzzweige und Blätter zum Servieren
- 2 kleine längliche Kartoffeln, gekocht und in Spalten geschnitten
- Salz und frisch gemahlener schwarzer Pfeffer
- 2 Teelöffel Wildblütenhonig
- 2 Teelöffel Sojasauce
- 1 Esslöffel gehackte Mandeln

Den Ofen auf 175 °C vorheizen. Ein Backblech mit Backpapier auslegen.

Eine beschichtete Pfanne mit etwas Olivenöl einsprühen und bei mittlerer bis hoher Hitze erwärmen. Das Schweinefleisch etwa 2 Minuten pro Seite anbraten, bis es gebräunt ist.

Blutorange, Minzzweige und Kartoffeln auf dem Blech mit etwas Salz und Pfeffer würzen; dann die Fleischscheiben darauflegen. Alles mit Wildblütenhonig und Sojasauce beträufeln und die Mandeln darüberstreuen. Etwa 12 Minuten im Ofen garen, bis die Fleischtemperatur 60 °C beträgt (Bratenthermometer), mit den Minzblättern bestreuen und servieren.

VERHÄLTNIS (Kohlenhydrate : Eiweiß) = 1:1

PRO PORTION: Kalorien 407 • Eiweiß 53 g • Kohlenhydrate 43 g • Ballaststoffe 8 g • Fett 9 g • gesättigte Fettsäuren 1 g • Natrium 930 mg

Hähnchen-Wrap mit Weißkohl & Curry

FÜR 1 PORTION

Bei der nordischen Ernährungsweise geht es immer um Verhältnisse. Dieser Wrap stellt das übliche Teig-Füllung-Verhältnis auf den Kopf, mit einer Unterlage aus frischem Gemüse und mit Currysauce für das Hähnchenfleisch.

- 1 entbeinte, gehäutete Hähnchenbrusthälfte (etwa 170 g)
- 1 Vollkorn-Tortilla
- 70 g Weißkohl, fein geschnitten
- ½ Möhre, in sehr feine Streifen geschnitten
- ½ grüne Paprikaschote, geputzt und in feine Streifen geschnitten
- 2 kleine Blumenkohlröschen, in sehr kleine Stücke zerteilt
- abgeriebene Schale und frisch gepresster Saft von ½ Bio-Zitrone
- Salz und frisch gemahlener schwarzer Pfeffer
- 1 Esslöffel Currypulver
- 1 Teelöffel Chilisauce
- 120 g fettarmer Natur-Skyr oder Skyr-Ersatz (Seite 231)

Den Ofen auf 200 °C vorheizen. Ein Backblech mit Backpapier auslegen.

Das Hähnchenfleisch auf das Backblech legen und 15–17 Minuten garen, bis die Fleischtemperatur 60 °C beträgt (Bratenthermometer). Das Fleisch auf ein Schneidebrett legen und etwa 5 Minuten abkühlen lassen, dann quer in dünne Streifen schneiden.

In der Zwischenzeit die Vollkorn-Tortilla auf einem Ofenrost einige Minuten erwärmen.

Weißkohl, Möhre, Paprika, Blumenkohl, Zitronenschale und Zitronensaft in einer Schüssel vermengen und mit etwas Salz sowie Pfeffer würzen.

Das Currypulver in einer kleinen beschichteten Pfanne bei mittlerer Hitze etwa 1 Minute unter Rühren anrösten, bis es duftet; mit der Chilisauce über dem Fleisch verteilen.

Die Tortilla mit dem Skyr bestreichen. Kohlsalat und Hähnchenfleisch darauf verteilen und zu einem Wrap rollen.

VERHÄLTNIS (Kohlenhydrate : Eiweiß) = 1:2

PRO PORTION: Kalorien 453 • Eiweiß 67 g • Kohlenhydrate 28 g • Ballaststoffe 13 g • Fett 5 g • gesättigte Fettsäuren 1 g • Natrium 482 mg

Omelett mit Makrele, Tomate & Roggenvollkornbrot

FÜR 1 PORTION

Eigentlich gehört dieses Gericht in die Kategorie „Abendessen“, doch es ist auch als lange satt machendes Frühstück sehr empfehlenswert.

- Olivenölspray
- 2 Eier (Größe L), leicht verquirlt
- 1 Tomate, in Scheiben geschnitten
- 1 kleine Möhre, gerieben
- 1 Scheibe Roggenvollkornbrot oder Pumpernickel, getoastet und in dünne Streifen geschnitten
- frische Petersilienblätter
- Salz und frisch gemahlener schwarzer Pfeffer
- 60 g Makrele oder Sardinen in Tomatensauce (Konserve)

Eine beschichtete Pfanne mit etwas Olivenöl einsprühen und bei mittlerer Hitze erwärmen. Die Eier hineinschlagen und braten, bis das Eiweiß gestockt ist. Die Eier wenden und in 30 Sekunden das Eigelb fest werden lassen, dann auf einen Teller heben.

Tomate, Möhre, Roggenbrot und Petersilienblätter darauf anrichten. Alles mit etwas Salz sowie Pfeffer würzen und den Fisch dazu servieren.

VERHÄLTNIS (Kohlenhydrate : Eiweiß) = 1:1

PRO PORTION: Kalorien 476 • Eiweiß 35 g • Kohlenhydrate 27 g • Ballaststoffe 8 g • Fett 24 g • gesättigte Fettsäuren 6 g • Natrium 888 mg

Lachs mit Kräutern, schnellen Gurken-Pickles & Ei

FÜR 1 PORTION

Lachs, Dill, Ei und Gurke sind die Grundsteine der skandinavischen Küche, und das aus gutem Grund: Sie liefern beste Nährstoffe und lassen sich auf unendliche Weise kombinieren. Hier ist die Gurke eingelegt, was den milden, pochierten Lachs aufpeppt.

- 50 g Roggenkörner oder Perlgerste
- Salz
- 120 g Lachsfilet
- gemischte getrocknete oder frische Kräuter, z. B. Schnittlauch, Dill und Petersilie
- 120 ml Apfelweinessig
- ¼ kernlose Gurke, grob gehackt
- 4 Zweige frische Petersilie, Blätter abgezupft
- 1 Ei (Größe L), hart gekocht und halbiert

Die Roggenkörner in einen mittelgroßen Topf mit kochendem Salzwasser geben und die Hitze auf mittlere Temperatur reduzieren. Den Roggen 20–30 Minuten köcheln lassen, bis er weich ist. Die Körner in ein Sieb abgießen, unter kaltem Wasser spülen und abkühlen lassen.

In der Zwischenzeit eine tiefe Pfanne halbvoll mit Wasser füllen und das Wasser bei mittlerer Hitze zum Kochen bringen. Den Lachs einlegen, die Kräuter darauf verteilen und die Hitze reduzieren. Mit Deckel 5–7 Minuten köcheln lassen, bis das Fleisch auch im Inneren zartrosa ist. Das Lachsfilet mit einem Schaumlöffel herausheben und auf Küchenpapier abtropfen lassen.

Während der Lachs gart, den Apfelweinessig in einem kleinen Topf aufkochen. Die Gurke in einer kleinen Schüssel mit etwas Salz bestreuen und den Essig darübergießen; 5 Minuten ziehen lassen, dann abgießen. Die Gurke in einer Schüssel mit Roggenkörnern und frischer Petersilie mischen.

Den Lachs auf einem Teller mit Gurken-Pickles und Ei servieren.

VERHÄLTNIS (Kohlenhydrate : Eiweiß) = 1:1

PRO PORTION: Kalorien 500 • Eiweiß 36 g • Kohlenhydrate 33 g • Ballaststoffe 8 g • Fett 21 g • gesättigte Fettsäuren 6 g • Natrium 266 mg

RICE PAPER

Reispapierröllchen mit Garnelen

FÜR 2 PORTIONEN

Garnelen und Fenchel, beides beliebt im Norden, bekommen in diesen Frühlingsrollen eine südostasiatische Note. Das Sesamdressing sorgt für ein Geschmackstrio aus süß, scharf und umami.

- 100 g kleine Garnelen, gegart
- 1 Frühlingszwiebel, weiße und grüne Teile in dünne Ringe geschnitten
- ½ grüne Paprikaschote, geputzt und in feine Streifen geschnitten
- ½ Fenchelknolle, Herz ausgeschnitten und Hüllblätter entfernt, in sehr feine Streifen geschnitten
- 2 frische Basilikumblätter, zerzupft
- 4 thailändische oder vietnamesische Reispapierblätter (à 20 cm Ø)

SESAMDRESSING

- 1 Esslöffel Sesamsamen
- 1 Esslöffel Fischsauce
- 1 Esslöffel Wildblütenhonig
- frisch gepresster Saft von ½ Limette
- ½ frische rote Chilischote, entkernt und fein gehackt
- 1 Teelöffel gehackte, gesalzene Erdnusskerne
- 1 Teelöffel Erdnussöl
- Salz und frisch gemahlener schwarzer Pfeffer

Garnelen, Frühlingszwiebel, Paprika, Fenchel und Basilikum in einer mittelgroßen Schüssel mischen.

Für jede Rolle 1 Blatt Reispapier einige Sekunden in warmes Wasser legen, bis es weich wird, und auf einem gefalteten Küchentuch abtropfen lassen. Ein Viertel der Mischung auf das Reispapierblatt legen. Den Rand rundum etwa 2,5 cm breit einklappen, dann von unten her aufrollen.

Für das Dressing Sesamsamen, Fischsauce, Wildblütenhonig, Limettensaft, Chili, Erdnüsse und Erdnussöl in einer kleinen Schüssel mischen; mit etwas Salz und Pfeffer würzen.

Die Reisröllchen mit dem Sesamdressing zum Dippen servieren.

VERHÄLTNIS (Kohlenhydrate : Eiweiß) = 1:1

PRO PORTION: Kalorien 237 • Eiweiß 16 g • Kohlenhydrate 18 g • Ballaststoffe 4 g • Fett 11 g • gesättigte Fettsäuren 2 g • Natrium 1,163 mg

Kabeljau-Tomaten-Salat

FÜR 1 PORTION

Jeder milde, weißfleischige Fisch schmeckt hier gut. Wenn Sie ungern Fisch kochen, stimmt Sie vielleicht diese minimalistische Backtechnik um.

- 50 g Roggenkörner oder Perlgerste
- Salz
- 10 frische Minzblätter
- 150 g Kabeljaufilet
- 1 Tomate, in Scheiben geschnitten
- ¼ kleine rote Zwiebel, in Scheiben geschnitten
- frische Petersilie zum Servieren
- 1 Esslöffel gemischte Oliven zum Servieren
- frisch gemahlener schwarzer Pfeffer

Den Ofen auf 200 °C vorheizen. Ein Backblech mit Backpapier auslegen.

Die Roggenkörner in einen mittelgroßen Topf mit kochendem Salzwasser geben und die Hitze auf mittlere Temperatur reduzieren. Den Roggen 20–30 Minuten köcheln lassen, bis er weich ist. Die Körner in ein Sieb abgießen, unter kaltem Wasser spülen und abkühlen lassen; in einer Schüssel mit den Minzblättern mischen und mit etwas Salz würzen.

In der Zwischenzeit das Kabeljaufilet im Ofen auf einem Backblech in etwa 10 Minuten durchgaren.

Das Filet auf einem Teller mit Roggenkörnern, Tomate, Zwiebel, Petersilie und Oliven anrichten; mit etwas Salz und Pfeffer würzen und servieren.

VERHÄLTNIS (Kohlenhydrate : Eiweiß) = 1:1

PRO PORTION: Kalorien 397 • Eiweiß 36 g • Kohlenhydrate 41 g • Ballaststoffe 13 g • Fett 7 g • gesättigte Fettsäuren <1 g • Natrium 630 mg

Hähnchenkeulen mit Möhren & Kartoffeln

FÜR 1 PORTION

Hier werden zwei Klassiker des Nordens zu einem schlichten, aber köstlichen Gericht kombiniert. Hähnchenfleisch und Gemüse ziehen in einer leicht mit Apfelsaft gesüßten Pochierflüssigkeit, anstatt zu schmoren.

- 2 Hähnchenunterkeulen oder -oberkeulen mit Knochen
- 2 kleine Möhren, in breite Stücke geschnitten
- 3 Lorbeerblätter
- 125 ml Apfelsaft
- 4 kleine, längliche Kartoffeln, halbiert
- ¼ Kopf Weißkohl, in feine Streifen geschnitten
- 3 Stängel frischer Dill
- Salz und frisch gemahlener schwarzer Pfeffer

Hähnchenkeulen, Möhren und Lorbeerblätter in einem mittelgroßen Topf mit dem Apfelsaft und ausreichend Wasser bedecken; bei mittlerer Hitze zum Kochen bringen. Die Hitze etwas reduzieren und die Flüssigkeit mit Fleisch und Gemüse 30 Minuten köcheln lassen.

Die Kartoffeln hineingeben und 10 Minuten mitkochen. Weißkohl und Dill zugeben, weitere 3 Minuten mitgaren; mit etwas Salz und Pfeffer würzen.

Fleisch und Gemüse abseihen. Lorbeer und Hähnchenhaut (nach Geschmack) entfernen und die Suppe servieren.

VERHÄLTNIS (Kohlenhydrate : Eiweiß) = 2:1

PRO PORTION: Kalorien 582 • Eiweiß 44 g • Kohlenhydrate 82 g • Ballaststoffe 14 g • Fett 12 g • gesättigte Fettsäuren 5 g • Natrium 370 mg

Salat-Wraps mit scharfem Rindfleisch & Glasnudeln

FÜR 1 PORTION

So leicht lassen sich die Prinzipien der nordischen Ernährungsweise auf Ihre Lieblings-Länderküche anwenden: Diese Rindfleischpäckchen bekommen durch Reisnudeln und Zitronengras eine südostasiatische Note.

- 60 g Glasnudeln
- Olivenölspray
- 120 g Rinderlendensteak, Fettrand entfernt
- 1 frische rote Chilischote, z. B. Fresno oder Jalapeño, entkernt und fein gehackt
- 1 Teelöffel fein gehacktes Zitronengras
- 1 Knoblauchzehe, zerstoßen
- 100 g Kaiserschoten, küchenfertig geputzt, quer halbiert
- ¼ rote Paprikaschote, geputzt und in feine Streifen geschnitten
- 2 Teelöffel frisch gepresster Limettensaft
- 1 Esslöffel gehacktes frisches Korianderkraut plus etwas mehr zum Servieren
- Salatherzenblätter, z. B. Romanasalat, zum Servieren

Die Glasnudeln in einer hitzefesten Schüssel mit kochendem Wasser übergießen, 3–4 Minuten einweichen, dann das Wasser abgießen.

In der Zwischenzeit einen Wok mit etwas Olivenöl einsprühen und bei hoher Hitze erwärmen. Das Fleisch darin 2 Minuten pro Seite halb gar braten (Garstufe medium) und auf einem Teller beiseitestellen. Chili, Zitronengras und Knoblauch 30 Sekunden im Wok unter Rühren anbraten. Kaiserschoten und Paprika zugeben, weitere 2 Minuten mitgaren, bis sie bissfest gegart sind.

Das Rindfleisch mit Glasnudeln, Limettensaft und Korianderkraut wieder in den Wok geben und alle Zutaten durch Schwenken mischen. Dann in die Salatblätter löffeln, mit Korianderkraut bestreuen und sofort servieren.

VERHÄLTNIS (Kohlenhydrate : Eiweiß) = 1:1

PRO PORTION: Kalorien 315 • Eiweiß 29 g • Kohlenhydrate 21 g • Ballaststoffe 7 g • Fett 11 g • gesättigte Fettsäuren 3 g • Natrium 69 mg

Kartoffeln mit Ei & Salat

FÜR 1 PORTION

Diese Beilage hat einen niedrigen glykämischen Index und ist perfekt für die nächste Grillparty. Gut schmeckt dazu Krautsalat auf Essigbasis.

- ½ Salatherz, z. B. Romanasalat, in einzelne Blätter zerlegt
- 2 kleine längliche Kartoffeln, gekocht und halbiert
- 1 Frühlingszwiebel, weißer und grüner Teil in feine Ringe geschnitten
- gemischte frische Kräuter, z. B. Thymian und Petersilie
- 1 Esslöffel Weiß- oder Rotweinessig
- 1 Teelöffel Olivenöl
- Olivenölspray
- 2 Eier (Größe L)

Salatblätter, Kartoffeln, Frühlingszwiebel und Kräuter in einer Schüssel mit Essig und Olivenöl übergießen und vorsichtig durchmischen.

Eine beschichtete Pfanne mit etwas Olivenöl einsprühen und bei mittlerer Hitze erwärmen. Die Eier hineinschlagen und etwa 2 Minuten braten, bis das Eiweiß gestockt ist. Ei wenden, auf den Salat setzen und servieren.

VERHÄLTNIS (Kohlenhydrate : Eiweiß) = 2:1

PRO PORTION: Kalorien 337 • Eiweiß 13 g • Kohlenhydrate 28 g • Ballaststoffe 5 g • Fett 18 g • gesättigte Fettsäuren 4 g • Natrium 43 mg

Lachs mit knackigem Gemüse und Selleriecreme

FÜR 1 PORTION

Die Selleriecreme reicht für vier Portionen. Vervielfachen Sie für eine nette Gesellschaft also gern Fisch und Gemüse.

- ¼ Sellerieknolle, geschält und geviertelt
- Salz und frisch gemahlener schwarzer Pfeffer
- Olivenölspray
- 120 g Lachs- oder Kabeljaufilet
- 180 g gemischtes Gemüse (z. B. Möhre, Pastinake, Blumenkohl, Brokkoli und Rote Bete), in dünne Scheiben geschnitten
- abgeriebene Schale und frisch gepresster Saft von 1 Bio-Zitrone
- gehackte, gemischte frische Kräuter, z. B. Petersilie, Dill oder Schnittlauch (optional)
- 1 Teelöffel Olivenöl zum Servieren
- Wildblütenhonig zum Servieren

Den Sellerie mit 1 Prise Salz in einen Topf geben und mit Wasser bedecken. Das Wasser bei hoher Hitze zum Kochen bringen und etwa 18 Minuten sprudelnd kochen, bis der Sellerie weich ist. Das Kochwasser in einen Behälter abgießen. Den Sellerie im Standmixer pürieren, dabei langsam 250 ml Kochwasser zugießen, bis eine cremige Sauce entstanden ist; die Creme mit etwas Salz und Pfeffer würzen.

In der Zwischenzeit eine beschichtete Pfanne mit etwas Olivenöl einsprühen und bei hoher Hitze erwärmen. Den Lachs mit der Hautseite nach unten 3–4 Minuten darin braten, bis die Haut braun wird. Den Fisch wenden, bei ausgeschaltetem Herd 3–4 Minuten in der Restwärme der Pfanne weitergaren.

Zitronenschale und Zitronensaft unter das Gemüse mischen, optional die Kräuter zufügen. Den Lachs auf einem Teller mit dem Gemüse anrichten, mit Olivenöl sowie Wildblütenhonig beträufeln und servieren.

VERHÄLTNIS (Kohlenhydrate : Eiweiß) = 1:1

PRO PORTION: Kalorien 471 • Eiweiß 30 g • Kohlenhydrate 22 g • Ballaststoffe 15 g • Fett 27 g • gesättigte Fettsäuren 6 g • Natrium 279 mg

Fisch-Wan-Tans mit Weißkohl-Möhren-Salat

FÜR 1 PORTION

Sie können aus dem Fischteig nach Wunsch auch zwei kleine Burger braten, die Sie auf Gemüse servieren oder in Pitabrot mit niedrigem GI füllen.

- 100 g Fischfilet, z. B. Kabeljau oder Heilbutt, mit einem scharfen Messer zu Hack verarbeitet
- 30 g kleine Blumenkohlröschen
- 30 g kleine Brokkoliröschen
- Salz und frisch gemahlener schwarzer Pfeffer
- 5 Wan-Tan-Teigblätter
- 1 Handvoll gemischte frische Kräuter, z. B. Petersilie und Korianderkraut
- ¼ Kopf Weißkohl, entkernt und klein geschnitten
- 1 kleine Möhre, in feine Scheiben geschnitten
- 1 Teelöffel Mandelblättchen
- 1 Teelöffel Sojasauce
- frisch gepresster Limetten- oder Zitronensaft

Fischfilet, Blumenkohl- und Brokkoliröschen in einer mittelgroßen Schüssel mischen und mit etwas Salz und Pfeffer würzen. Die Mischung auf den Teigblättern verteilen. Die Ecken über der Füllung sanft zusammendrücken und zu einem Knoten verdrehen.

Die Wan Tans auf einem Backblech 12 Minuten einfrieren.

Salzwasser in einem mittelgroßen Topf zum Kochen bringen. Erst die Kräuter, dann die Wan Tans hineinsetzen und etwa 2 ½ Minuten garen oder bis die Wan Tans goldgelb sind und aufschwimmen. Die Wan Tans mit einem Schaumlöffel auf Küchenpapier heben und abtropfen lassen.

Weißkohl, Möhre, Mandelblättchen, Sojasauce und Limettensaft (nach Geschmack) in einer Schüssel vermengen und mit den Wan Tans servieren.

VERHÄLTNIS (Kohlenhydrate : Eiweiß) = 1:1

PRO PORTION: Kalorien 360 • Eiweiß 33 g • Kohlenhydrate 36 g • Ballaststoffe 13 g • Fett 6 g • gesättigte Fettsäuren 1 g • Natrium 578 mg

Fischfilet mit Radicchiosalat

FÜR 1 PORTION

Eine vereinfachte Sauce tartare bildet hier einen herben Kontrast zu diesem einfachen Backfischgericht.

1 Ei (Größe L)

Salz und frisch gemahlener schwarzer Pfeffer

40 g Birchermüsli (Seite 87) oder gekauftes Müsli, fein gehackt

200 g Fischfilet, z. B. Kabeljau oder Heilbutt

2 Teelöffel Traubenkernöl

¼ Kopf Radicchio

2 Cornichons, in Stücke geschnitten

6 Stängel frischer Dill, grob gehackt

2 Esslöffel Remoulade (Seite 212) zum Servieren

Das Ei mit Salz und Pfeffer nach Geschmack in einer flachen Schüssel verquirlen. Das Müsli in eine zweite flache Schüssel füllen. Den Fisch erst durch das Ei ziehen und abtropfen lassen, dann im Müsli wälzen.

Das Traubenkernöl in einer beschichteten Pfanne bei mittlerer Hitze erwärmen. Den Fisch darin pro Seite 3 Minuten goldgelb braten. Dann auf einen Teller gleiten lassen.

Radicchio, Cornichons und Dill in einer Schüssel vermengen. Über dem Fisch verteilen und mit der Remoulade servieren.

VERHÄLTNIS (Kohlenhydrate : Eiweiß) = 1:2

PRO PORTION: Kalorien 330 • Eiweiß 36 g • Kohlenhydrate 21 g • Ballaststoffe 3 g • Fett 12 g • gesättigte Fettsäuren 5 g • Natrium 676 mg

HAVETS
MÜSLI

Knäckebrot

ERGIBT 18 STÜCK

Diese Cracker haben einen niedrigen glykämischen Index und enthalten nur wenig mehr als Haferflocken und Dinkelmehl. Sie sind leicht zu backen und halten luftdicht verschlossen etwa 2 Wochen.

80 g kernige Haferflocken
½ Teelöffel Salz
280 g Dinkelvollkornmehl oder wie benötigt
3 Esslöffel Rapsöl
30 g Sesamsamen (optional)

Den Ofen auf 175 °C vorheizen. Zwei Backbleche mit Backpapier auslegen.

Haferflocken, Salz und 180 g Dinkelmehl in die Schüssel eines Standmixers füllen und auf mittlerer Stufe vermengen; das Rapsöl untermischen. Langsam ausreichend weiteres Dinkelmehl zugeben, bis sich der entstandene Teig von der Schüsselwand löst. Den Teig zu 18 gleich großen Kugeln formen, auf die Backbleche legen und mit dem flachen Boden eines Glases zu 0,8 cm dicken Scheiben flach drücken. Die Teiglinge mit Wasser bestreichen und optional mit den Sesamsamen bestreuen. Die Teigscheiben 15 Minuten backen, bis sie knusprig und goldbraun sind. Das Knäckebrot auf dem Backblech 3 Minuten abkühlen lassen, dann auf einem Kuchengitter ganz abkühlen lassen.

VERHÄLTNIS (Kohlenhydrate : Eiweiß) = 4:1

PRO PORTION: Kalorien 122 • Eiweiß 4 g • Kohlenhydrate 14 g • Ballaststoffe 3 g • Fett 5 g • gesättigte Fettsäuren <1 g • Natrium 128 mg

Avocado-Schoko-Aufstrich

ERGIBT ETWA 250 G
(2 Teelöffel pro Portion)

Dieser leicht süße Aufstrich schmeckt exzellent auf Toast mit niedrigem GI oder auf Knäckebrot. Verwenden Sie hochwertige Schokolade, am besten mit mindestens 70 % Kakaoanteil.

- 100 g Bitterschokolade (mind. 70 % Kakaoanteil), grob gehackt
- 1 reife Avocado, halbiert und entsteint
- 2 Esslöffel Mandelblättchen
- 1 Esslöffel Wildblütenhonig
- frisch gepresster Saft von ½ Limette
- Salz und frisch gemahlener schwarzer Pfeffer

Wasser etwa 1,5 cm hoch in einen Topf füllen, bei niedriger Hitze zum Kochen bringen und köcheln lassen. Die Bitterschokolade in eine kleine hitzefeste Schüssel bröckeln und in den Topf einhängen, ohne dass der Boden das Wasser berührt. Die Schokolade schmelzen und dabei gelegentlich umrühren, dann aus dem Topf heben und lauwarm abkühlen lassen.

Das Avocadofleisch in die Küchenmaschine löffeln. Schokolade, Mandelblättchen, Wildblütenhonig und Limettensaft zugeben. Alles zu einer Paste pürieren und mit etwas Salz sowie Pfeffer würzen.

Den Aufstrich in ein Schraubglas füllen und im Kühlschrank aufbewahren. Er ist dort bis zu 1 Woche haltbar.

VERHÄLTNIS (Kohlenhydrate : Eiweiß) = 6:1

PRO PORTION: Kalorien 31 • Eiweiß <1 g • Kohlenhydrate 2 g • Ballaststoffe <1 g • Fett 2 g • gesättigte Fettsäuren 1 g • Natrium 6 mg

Frucht-Nuss-Aufstrich

ERGIBT ETWA 500 G
(2 Teelöffel pro Portion)

Ein vor- oder nachmittäglicher Energieschub, den man dünn auf Knäckebrot oder Apfelspalten streicht.

- 6 Esslöffel Erdnussöl
- 12 getrocknete Aprikosen, gewürfelt
- 5 getrocknete Feigen, grob gehackt
- 50 g Rosinen
- 10 geröstete Erdnusskerne
- 2 Esslöffel geröstete Mandelblättchen (Seite 99)
- 1 Esslöffel Roggenkörner, in der Pfanne geröstet
- 1 Esslöffel brauner Zucker

Erdnussöl, Aprikosen, Feigen, Rosinen, Erdnüsse, Mandelblättchen, Roggenkörner und braunen Zucker in die Küchenmaschine füllen und zu einer cremigen Masse verarbeiten.

Den Aufstrich in ein Schraubglas füllen und im Kühlschrank aufbewahren. Er ist dort bis zu 3 Monate haltbar.

VERHÄLTNIS (Kohlenhydrate : Eiweiß) = 10:1

PRO PORTION (2 TEELÖFFEL): Kalorien 46 • Eiweiß <1 g • Kohlenhydrate 4 g • Ballaststoffe 1 g • Fett 3 g • gesättigte Fettsäuren <1 g • Natrium 33 mg

Vollkornbrötchen

ERGIBT ETWA 20 BRÖTCHEN

Verschiedene Getreide- und Saatensorten machen diese Brötchen besonders kernig. Abgekühlt und in Frischhaltefolie gewickelt können Sie diese zwei bis drei Monate einfrieren und nach Bedarf auftauen.

- ½ Teelöffel Instant-Trockenhefe
- 180 g Weizenvollkornmehl
- 180 g Dinkelmehl
- 240 g Weizenmehl Type 405 plus weiteres Mehl nach Bedarf
- 30 g kernige Haferflocken
- 3 Esslöffel geschälte Sonnenblumenkerne
- 3 Esslöffel geröstete, ungesalzene, geschälte Kürbiskerne
- 2 ¼ Teelöffel Salz
- Olivenöl zum Einfetten der Schüssel

Die Hefe in einer großen Schüssel mit 500 ml lauwarmem Wasser (40–45 °C) verrühren. Mehle, Haferflocken, Sonnenblumen- und Kürbiskerne sowie Salz zugeben und alles zu einem Teig verarbeiten.

Den Teig auf einer leicht bemehlten Arbeitsfläche 8–10 Minuten kneten und so viel weiteres Mehl hinzufügen, bis er geschmeidig und elastisch ist. Dann in eine geölte Schüssel legen, mit einem Küchentuch abdecken und an einem warmen, zugfreien Ort mindestens 2 Stunden gehen lassen oder bis sich das Volumen fast verdoppelt hat.

Den Backofen auf 220 °C vorheizen und zwei große Backbleche mit Backpapier auslegen.

Aus dem Teig 20 gleich große Kugeln formen, auf die Bleche setzen und wieder mit Küchentüchern abdecken. Warm und zugfrei etwa 30 Minuten gehen lassen, bis die Kugeln leicht aufgebläht wirken. (Alternativ die Kugeln mit geölter Frischhaltefolie abdecken und über Nacht im Kühlschrank lagern. 2 Stunden vor dem Backen herausnehmen, damit sie zimmerwarm werden.)

Die Teiglinge etwa 20 Minuten backen beziehungsweise bis sie goldgelb sind und sich hohl anhören, wenn man auf die Unterseite klopft. Die Brötchen auf Backgittern abkühlen lassen.

VERHÄLTNIS (Kohlenhydrate : Eiweiß) = 5:1 pro Brötchen

PRO PORTION: Kalorien 134 • Eiweiß 5 g • Kohlenhydrate 23 g • Ballaststoffe 3 g • Fett 2 g • gesättigte Fettsäuren <1 g • Natrium 192 mg

Hummus

ERGIBT ETWA 600 G
(etwa 2 Esslöffel pro Portion)

Selbst gemachtes Hummus ist Ihre Geheimwaffe, um vielen schnellen Gerichten sättigendes Eiweiß und eine cremige Konsistenz zu verleihen. Probieren Sie zur Abwechslung auch die Varianten auf der nächsten Seite.

- 150 g getrocknete Kichererbsen
- 50 g Rapsöl
- frisch gepresster Saft von ½ Zitrone plus etwas mehr zum Abschmecken
- 1 scharfe grüne Chilischote, z. B. Jalapeño oder Serrano, entkernt und zerstoßen
- 2 Teelöffel gemahlener Kreuzkümmel
- 1 Teelöffel fein geriebener frischer Ingwer
- 1 Knoblauchzehe, fein gehackt
- Salz und frisch gemahlener schwarzer Pfeffer

Am Vorabend der Hummus-Zubereitung die Kichererbsen in eine Schüssel geben, mit reichlich kaltem Wasser übergießen und über Nacht im Kühlschrank quellen lassen.

Die Kichererbsen abseihen und gründlich spülen, verfärbte Exemplare entsorgen. Dann in einen großen Topf umfüllen, mit Wasser bedecken (mindestens 2,5 cm hoch) und bei mittlerer Hitze zum Kochen bringen. Die Hitze reduzieren und die Kichererbsen in 20–30 Minuten gar kochen. (Die Kochzeit hängt davon ab, wie trocken sie waren.) Etwa 300 ml Kochwasser beiseitestellen, den Rest abgießen und die Kichererbsen spülen und abkühlen lassen.

Kichererbsen, Rapsöl, Zitronensaft, Chili, Kreuzkümmel, Ingwer und Knoblauch in die Küchenmaschine füllen und cremig pürieren. Bei laufendem Motor langsam so viel Kochwasser zugießen, bis die gewünschte Konsistenz knapp erreicht ist. Mit Zitronensaft, Salz und Pfeffer abschmecken.

Varianten

HUMMUS AUS KIDNEYBOHNEN & ROTER BETE: Die Kichererbsen durch Kidneybohnen ersetzen. Vor dem Pürieren 70 g grob zerkleinerte gekochte oder ofengeröstete Rote Bete und 1 kleine Handvoll Petersilie zugeben.

HUMMUS AUS WEISSEN BOHNEN & PARMESAN: Die Kichererbsen durch weiße Bohnen (Cannellini) ersetzen. Vor dem Pürieren 80 g geriebenen Parmesan und 1 Prise getrockneten Oregano zugeben.

HUMMUS AUS LINSEN & GETROCKNETEN TOMATEN: Die Kichererbsen durch 380 g grüne Linsen ersetzen. Die Linsen in sprudelnd kochendem Wasser in etwa 20 Minuten weich garen, dann abgießen und spülen. Vor dem Pürieren 50 g in Öl eingelegte, getrocknete und 10 frische Basilikumblätter zugeben.

VERHÄLTNIS (Kohlenhydrate : Eiweiß) = 2:1

PRO PORTION (120 G): Kalorien 161 • Eiweiß 4 g • Kohlenhydrate 28 g • Ballaststoffe 4 g • Fett 3 g • gesättigte Fettsäuren 2 g • Natrium 30 mg

Erdbeerkonfitüre aus dem Ofen

ERGIBT ETWA 200 G

Der Geschmack von Süßholz ist in Skandinavien sehr beliebt; er verleiht dieser Konfitüre eine köstliche Note.

- 250 g Erdbeeren, Strunk entfernt
- 2 Esslöffel Zucker
- 2 Esslöffel Wildblütenhonig
- 1 Teelöffel Zimtpulver
- 2 Sternaniskapseln
- abgeriebene Schale und frisch gepresster Saft von 1 Bio-Zitrone
- 1 Teelöffel gemahlene Süßholzwurzel (optional)

Den Ofen auf 175 °C vorheizen. Ein Backblech mit Backpapier auslegen.

Alle Zutaten mit dem Süßholzpulver (falls verwendet) in einer großen Schüssel vermengen. Auf das Backblech streichen und im Ofen 15 Minuten backen, bis die Beeren weich sind.

Die Masse zurück in die Schüssel füllen. Den Sternanis entfernen und die Zutaten gründlich vermischen. Die Konfitüre in ein heißes sterilisiertes Schraubglas füllen, ohne Deckel abkühlen lassen. Das Glas verschließen und im Kühlschrank aufbewahren. Die Konfitüre ist bis zu 2 Wochen haltbar.

PRO PORTION (1 ESSLÖFFEL): Kalorien 22 • Eiweiß <1 g • Kohlenhydrate 5 g • Ballaststoffe 1 g • Fett <1 g • gesättigte Fettsäuren <1 g • Natrium 2 mg

Einfacher Joghurt-Dip

ERGIBT ETWA 60 G

Dieser Dip und seine Varianten sind ideal für schnelle Snacks. Halten Sie einen oder mehrere davon auf Vorrat, damit Sie nie lange nach einem gesunden Bissen für zwischendurch suchen müssen.

- 170 g fettarmer griechischer Joghurt
- 1 Esslöffel Wildblütenhonig
- 1 Esslöffel Dijon-Senf
- 1 Esslöffel frisch gepresster Limettensaft
- Salz und frisch gemahlener schwarzer Pfeffer

Joghurt, Wildblütenhonig, Dijon-Senf und Limettensaft in einer mittelgroßen Schüssel mischen. Mit etwas Salz und Pfeffer würzen.

Varianten

APFEL-CURRY-DIP: ½ klein gehackten Apfel, 1 Esslöffel Currypulver und 1 Esslöffel klein gehacktes Mango-Chutney zugeben.

SWEET-CHILI-DIP: 2 Esslöffel thailändische Sweet-Chili-Sauce und 1 fein gehackte Knoblauchzehe zugeben.

KRÄUTER-DIP: 1 Handvoll gehackte frische Kräuter wie Dill, Schnittlauch und Petersilie zugeben.

TARTAR-DIP: 2 Esslöffel gehackte Cornichons, 1 Esslöffel gespülte kleine Kapern (Nonpareilles), 1 Esslöffel fein gehackte rote Zwiebel und 1 Esslöffel gehackte frische Petersilie zugeben.

RAITA-DIP: 2 Esslöffel gehackte Mandeln, ¼ fein gehackte kernlose Gurke, 2 Esslöffel fein geschnittene frische Minzblätter und ½ durchgedrückte Knoblauchzehe zugeben.

VERHÄLTNIS (Kohlenhydrate : Eiweiß) = 2:0

PRO PORTION: Kalorien 161 • Eiweiß 4 g • Kohlenhydrate 28 g • Ballaststoffe 4 g • Fett 3 g • gesättigte Fettsäuren 2 g • Natrium 30 mg

Salatdressing

ERGIBT ETWA 300 ML

Ein perfektes Dressing für rohes Gemüse.

- 3 Esslöffel Dijon-Senf
- 3 Esslöffel Apfelsaft
- 80 ml plus 2 Esslöffel Weißweinessig
- 80 ml plus 2 Esslöffel Rapsöl

Dijon-Senf, Apfelsaft und Weißweinessig in einer mittelgroßen Schüssel mischen. Langsam das Rapsöl unterrühren.

PRO PORTION (1 ESSLÖFFEL): Kalorien 60 · Eiweiß <1 g · Kohlenhydrate <1 g · Ballaststoffe <1 g · Fett 6 g · gesättigte Fettsäuren <1 g · Natrium 63,1 mg

Röstpaprikasauce

ERGIBT ETWA 500 ML

- Pflanzenöl für das Backblech
- 3 rote Paprikaschoten, halbiert und geputzt
- 1 Schalotte, fein gehackt
- 80 ml plus 2 Esslöffel Rotweinessig
- 2 Esslöffel Wildblütenhonig
- 1 kleine Fenchelknolle, äußerste Blätter entfernt, fein gewürfelt
- 2 Teelöffel frischer oder 1 Teelöffel getrockneter Oregano
- 1 Zweig Liebstöckel oder Selleriegrün, Blätter gehackt

Den Ofen auf 260 °C vorheizen. Ein Backblech mit Aluminiumfolie auslegen und leicht mit Pflanzenöl einfetten.

Die Paprika mit der Hautseite nach oben auf dem Backblech 15 Minuten rösten, bis die Haut Blasen wirft und schwarz wird. Dann in eine hitzefeste Schüssel legen, mit Frischhaltefolie abdecken und 15 Minuten stehen lassen. Das Paprikafleisch würfeln und den Paprikasaft auffangen.

Schalotte, Rotweinessig und Wildblütenhonig in einem kleinen Topf bei mittlerer Hitze aufkochen, 2–3 Minuten köcheln lassen und etwas einkochen. Fenchel, Oregano und Liebstöckel sowie den Paprikasaft unterrühren. Zum Kochen bringen und etwa 5 Minuten köcheln lassen, bis der Fenchel bissfest gegart ist; dann in eine Schüssel umfüllen.

Die Paprikawürfel in die Sauce rühren, auf Raumtemperatur abkühlen lassen und zu Fleisch oder Fisch servieren.

PRO PORTION (1½ ESSLÖFFEL): Kalorien 18 • Eiweiß <1 g • Kohlenhydrate 3 g • Ballaststoffe 1 g • Fett <1 g • gesättigte Fettsäuren <1 g • Natrium 5 mg

Remoulade

ERGIBT ETWA 500 ML

- 120 g fettarmer Natur-Skyr oder Skyr-Ersatz (Seite 231)
- 1 Esslöffel Dijon-Senf
- 2 Esslöffel frisch gepresster Zitronensaft
- 1 Esslöffel Currypulver
- 2 Stück Gemüse-Pickles, in Scheiben geschnitten
- 250 g gehacktes oder in Scheiben geschnittenes gemischtes Saisongemüse, z. B. Blumenkohl, Möhre und Zwiebel
- Salz und frisch gemahlener schwarzer Pfeffer

Skyr, Dijon-Senf, Zitronensaft und Currypulver in einer mittelgroßen Schüssel mischen. Das Gemüse unterheben und mit etwas Salz und Pfeffer würzen.

PRO PORTION (ETWA 60 G): Kalorien 36 · Eiweiß 3 g · Kohlenhydrate 5 g · Ballaststoffe 2 g · Fett <1 g · gesättigte Fettsäuren <1 g · Natrium 102 mg

Süßsaure Sauce

ERGIBT 4 ESSLÖFFEL

- 2 Esslöffel Tomatenketchup
- 1 Esslöffel zuckerfreier Blaubeer- oder Brombeersirup
- 1 Esslöffel Wildblütenhonig
- 1 Teelöffel Worcestershiresauce
- 3 Tropfen scharfe Sauce

Alle Zutaten in einer kleinen Schüssel gründlich verrühren.

PRO PORTION (1 ESSLÖFFEL): Kalorien 30 • Eiweiß <1 g • Kohlenhydrate 8 g • Ballaststoffe <1 g • Fett <1 g • gesättigte Fettsäuren <1 g • Natrium 94 mg

Senfsauce mit Rotwein & Kräutern

ERGIBT ETWA 375 ML

- 2 Teelöffel Olivenöl
- 1 Schalotte, fein gehackt
- 2 Esslöffel Rotweinessig
- 175 ml plus 2 Esslöffel kräftiger Rotwein
- 125 ml Hühner- oder Gemüsebrühe
- 1 Esslöffel Dijon-Senf
- 6 Zweige frischer Thymian
- 3 Lorbeerblätter
- 2 Teelöffel ungesalzene Butter oder Crème double (optional)
- 1 Prise Zucker
- Salz und frisch gemahlener weißer Pfeffer

Das Olivenöl in einem Topf bei mittlerer Hitze erwärmen. Die Schalotte darin unter Rühren 2–3 Minuten anschwitzen, bis sie weich ist. Den Rotweinessig zugeben und bei niedriger Hitze 5 Minuten unter Rühren köcheln lassen, bis er auf die Hälfte eingekocht ist.

Rotwein, Brühe, Dijon-Senf, Thymian und Lorbeerblätter zugeben und 10 Minuten bei mittlerer Hitze weiterköcheln lassen, um die Aromen zu mischen; dabei mehrmals umrühren.

Den Topf vom Herd nehmen. Butter (falls verwendet) und Zucker unterschlagen. Bratflüssigkeit, die Sie übrig haben, ebenfalls unterrühren und mit Salz sowie weißem Pfeffer abschmecken. Die Sauce durch ein feines Sieb in ein Saucenschiffchen oder eine Schüssel passieren und warm servieren.

PRO 100 ML (MIT BUTTER): Kalorien 350 • Eiweiß 5 g • Kohlenhydrate 12 g • Ballaststoffe 7 g • Fett 20 g • gesättigte Fettsäuren 8 g • Natrium 923 mg

Scharfe Minzmarinade

ERGIBT ETWA 225 ML

- 1 Bio-Orange
- 2 Esslöffel Rotweinessig
- 2 Esslöffel fein gehackte frische Minzblätter
- 1 Esslöffel Wildblütenhonig
- 2 Teelöffel geröstetes Sesamöl
- 6 dünne Scheiben scharfe grüne Chilischote, z. B. Jalapeño

Mit einem Gemüseschäler oder Zestenreißer die Schale der halben Orange abziehen. Die Orange entsaften.

Orangenschale, Orangensaft, Rotweinessig, Minze, Wildblütenhonig, Sesamöl und Chili in einer kleinen Schüssel verrühren. Die Marinade für Rind-, Hühner-, Schweine- oder Lammfleisch verwenden.

PRO PORTION (2 ESSLÖFFEL): Kalorien 220 • Eiweiß 1 g • Kohlenhydrate 31 g • Ballaststoffe 3 g • Fett 9 g • gesättigte Fettsäuren 1 g • Natrium 14 mg

Gemüse-Pickles

ERGIBT ETWA 850 G

- 1 Liter Apfelweinessig
- 165 ml Apfelsaft
- 140 g Zucker
- 1 Teelöffel gelbe Senfkörner
- 4 Lorbeerblätter
- 1 Esslöffel Salz
- 1 Teelöffel ganze, schwarze Pfefferkörner
- knapp 1 kg gemischtes Gemüse der Saison, z. B. Blumenkohlröschen und Möhren, Zucchini, Gurke, Zucchini und geputzte Paprikaschote, in Sticks oder Scheiben geschnitten

Apfelweinessig, Apfelsaft, Zucker, Senfkörner, Lorbeerblätter, Salz und Pfefferkörner in einem großen säurefesten Topf bei hoher Hitze aufkochen.

Das Gemüse in eine große hitzefeste Schüssel einschichten. Mit ausreichend heißer Einmachflüssigkeit bedecken und abkühlen lassen. Gemüse und Flüssigkeit auf heiße sterilisierte Schraubgläser verteilen, fest verschließen und im Kühlschrank lagern. Die Gemüse-Pickles halten gekühlt bis zu 1 Monat. Sie sind köstlich als Snack oder als Beilage zu vielen Gerichten.

PRO 100 G: Kalorien 118 • Eiweiß 2 g • Kohlenhydrate 21 g • Ballaststoffe 2 g • Fett 1 g • gesättigte Fettsäuren <1 g • Natrium 220 mg

Honig-Bruschetta

FÜR 2 PORTIONEN

Wenn Sie keine Zeit für ein Dessert haben, können Sie diese hübschen, süßen Toasts aus der Vorratskammer zaubern.

- 1 Teelöffel Wildblütenhonig
- 2 Scheiben Roggenvollkornbrot oder Pumpernickel, getoastet
- 60 g fettarmer Natur-Skyr oder Skyr-Ersatz (Seite 231)
- 1 Teelöffel Puderzucker
- 250 g gemischte Früchte der Saison, in mundgerechte Stücke geschnitten
- 1 Esslöffel gehackte, geröstete Mandel-, Walnuss- oder Haselnusskerne (Seite 99 und Seite 80)
- 1 Teelöffel fein gehackte Bitterschokolade (etwa 70 % Kakaoanteil)

Den Wildblütenhonig auf das Roggenbrot streichen.

Skyr und Puderzucker in einer mittelgroßen Schüssel mischen und die Früchte unterheben. Die Mischung auf das Brot löffeln, Nüsse und Bitterschokolade darüberstreuen und servieren.

VERHÄLTNIS (Kohlenhydrate : Eiweiß) = 4:1

PRO PORTION: Kalorien 191 • Eiweiß 7 g • Kohlenhydrate 28 g • Ballaststoffe 4 g • Fett 5 g • gesättigte Fettsäuren 1 g • Natrium 239 mg

Kirschkompott mit Vanille-Ricotta

FÜR 1 PORTION

Bei so einem einfachen Gericht ist es umso wichtiger, die bestmöglichen Zutaten zu verwenden. Frischen Ricotta zu finden ist auf jeden Fall die Mühe wert. Das Rezept ist auch ein schönes Wochenendfrühstück.

- 8 frische Kirschen, entsteint und halbiert
- 2 Esslöffel ungesüßter Cranberrysaft (Muttersaft)
- 1 Teelöffel Wildblütenhonig
- 80 g frischer fettarmer Ricotta
- ¼ Teelöffel Vanilleextrakt

Kirschen, Cranberrysaft und ½ Teelöffel Wildblütenhonig in einem kleinen Topf bei mittlerer Hitze zum Kochen bringen; 3–4 Minuten köcheln lassen, bis die Kirschen vollgesaugt und sirupartig sind, dann abkühlen lassen.

Den Ricotta mit dem restlichen Honig und dem Vanilleextrakt verrühren. Den Vanille-Ricotta in eine saubere Schüssel oder ein Schraubglas umfüllen, das Kirschkompott darüberlöffeln und servieren.

VERHÄLTNIS (Kohlenhydrate : Eiweiß) = 2:1

PRO PORTION: Kalorien 168 • Eiweiß 10 g • Kohlenhydrate 20 g • Ballaststoffe 1 g • Fett 5 g • gesättigte Fettsäuren 3 g • Natrium 179 mg

Trifle mit Mango, Baisers & Skyr

FÜR 1 PORTION

Ein traditionelles Trifle wird mit eingeweichtem Kuchen hergestellt. Wir verwenden Baisers, für ein leichteres Dessert, das nicht beschwert.

- 2 Esslöffel fettarmer Natur-Skyr oder Skyr-Ersatz (Seite 231)
- 1 Teelöffel Wildblütenhonig plus etwas mehr zum Servieren
- 2 gekaufte Baisers, zerstoßen
- ¼ Mango oder eine andere Frucht der Saison, gewürfelt
- 4–6 frische Minzblätter
- frisch gepresster Limettensaft zum Servieren

Skyr und Wildblütenhonig mischen.

Abwechselnd Baisers, Mango, Minzblätter und Skyr in ein Glas schichten. Mit Limettensaft und dem restlichen Honig beträufeln und servieren.

VERHÄLTNIS (Kohlenhydrate : Eiweiß) = 7:1

PRO PORTION: Kalorien 182 · Eiweiß 5 g · Kohlenhydrate 39 g · Ballaststoffe 2 g · Fett 1 g · gesättigte Fettsäuren 0 g · Natrium 15 mg

Mandel-Joghurt-Kuchen mit Orangen

ERGIBT 12 STÜCKE

Wegen der kleinen Menge Mehl im Teig ist der Kuchen zwar nicht völlig glutenfrei, doch machen ihn die Hauptzutaten Ricotta, Joghurt und Mandelmehl schön saftig und sorgen für einen niedrigen glykämischen Index.

- 4 kleine Navel-Orangen
- Pflanzenöl zum Einfetten der Form
- 160 g frischer fettarmer Ricotta
- 110 g Zucker mit niedrigem GI, z. B. Kokospalmzucker oder Ahornzucker
- 2 Eier (Größe L)
- 180 g Mandelmehl oder Mandelschrot
- 60 g Weizenmehl
- 1 Teelöffel Backpulver
- 500 g fettfreier griechischer Joghurt
- Puderzucker zum Servieren

Zwei Orangen in einen großen Topf setzen, mit kaltem Wasser bedecken und das Wasser bei hoher Hitze zum Kochen bringen. Dann das Wasser abgießen, frisches Wasser in den Topf füllen und wieder aufkochen. Die Hitze reduzieren und die Orangen 1 Stunde köcheln lassen. Falls nötig, nochmals Wasser nachfüllen. Das Wasser abgießen und die Orangen vollständig abkühlen lassen.

Den Ofen auf 150 °C vorheizen. Eine Springform mit 23 cm Durchmesser mit dem Pflanzenöl einfetten. Boden und Seiten mit Backpapier auslegen.

Die abgekühlten Orangen vierteln, entkernen und mit dem Ricotta in der Küchenmaschine cremig pürieren. Zucker und Eier in einer großen Schüssel mit dem Handmixer auf höchster Stufe in etwa 3 Minuten zu einer dicken, hellen Schaummasse schlagen. Dann die Orangenmischung unterrühren und Mandelmehl, Weizenmehl, Backpulver und 125 g Joghurt gut einarbeiten.

Den Teig in die Form füllen; 1 Stunde 10 Minuten backen, bis bei der Stäbchenprobe nur einige feuchte Teigkrümel an dem hineingesteckten Holzspieß hängen bleiben. Falls der Kuchen zu schnell bräunt, die Oberfläche mit Aluminiumfolie abdecken. Den Kuchen auf einem Kuchengitter 20 Minuten abkühlen lassen, dann auf einen Teller kippen und die Form abnehmen. Mit einem Kuchengitter richtig herum wenden und vollständig abkühlen lassen.

In der Zwischenzeit die restlichen Orangen schälen und in Spalten teilen. Den Kuchen mit Puderzucker bestäuben, aufschneiden und jede Portion mit einer Orangenspalte und einem Klecks Joghurt servieren.

VERHÄLTNIS (Kohlenhydrate : Eiweiß) = 2:1

PRO PORTION: Kalorien 200 • Eiweiß 10 g • Kohlenhydrate 17 g • Ballaststoffe 3 g • Fett 9 g • gesättigte Fettsäuren 2 g • Natrium 241 mg

Baisers mit Schoko-Früchte-Skyr

FÜR 4 PORTIONEN

Diese Mini-Pavlovas werden nicht mit süßer Schlagsahne, sondern mit eiweißreichem Skyr gefüllt – die perfekte Unterlage für Früchte, Nüsse und einen Hauch Bitterschokolade.

- 2 Eiweiß (Eier, Größe L) (zimmerwarm)
- 125 g extrafeiner Zucker
- 250 g fettarmer Natur-Skyr oder Skyr-Ersatz (Seite 231)
- 2 Äpfel, entkernt und gewürfelt
- 2 Birnen, entkernt und gewürfelt
- 30 g Himbeeren, Blaubeeren oder rote Johannisbeeren
- 25 g Mandelblättchen oder fein gehackte Mandeln
- 60 g Bitterschokolade (etwa 70 % Kakaoanteil), fein gehackt

Den Ofen auf 120 °C vorheizen. Zwei Backbleche mit Backpapier auslegen.

Das Eiweiß mit dem Handmixer auf hoher Stufe steif schlagen. Nach und nach esslöffelweise den Zucker hinzufügen und weiterrühren, bis der Zucker aufgelöst und der Eischnee sehr fest ist und glänzende Spitzen hat.

Den Eischnee auf den Blechen 4–5 cm hoch in 4 breite runde Backringe füllen und im Ofen 1 ½ Stunden backen, bis er knusprig und leicht gebräunt ist.

Jedes Baiser auf einen Teller setzen und Skyr, Äpfel, Birnen, Beeren, Mandeln sowie Bitterschokolade gleichmäßig darauf verteilen und servieren.

VERHÄLTNIS (Kohlenhydrate : Eiweiß) = 6:1

PRO PORTION: Kalorien 510 • Eiweiß 14 g • Kohlenhydrate 89 g • Ballaststoffe 7 g • Fett 11 g • gesättigte Fettsäuren 3 g • Natrium 57 mg

Karamellisierte Ananas & Erdbeeren mit Kardamom-Vanillecreme

FÜR 2 PORTIONEN

Kardamom ist ein wärmendes Gewürz, das in Skandinavien oft zum Backen verwendet wird. In diesem Rezept verleiht es einer Vanillecreme mit karamellisierten Früchten ein wunderbares Aroma.

- 320 ml fettarme Milch
- 1 Teelöffel Vanilleextrakt
- ¼ Teelöffel gemahlener Kardamom
- 2 Eier (Größe L)
- 1 Esslöffel plus 1 Teelöffel Zucker mit niedrigem GI, z. B. Kokospalm- oder Ahornzucker
- 1½ Teelöffel Maisstärke
- 4 dünne Scheiben Ananas (gesamt etwa 140 g)
- 160 g Erdbeeren, in Scheiben geschnitten
- 1 Esslöffel geröstete Kürbiskerne zum Servieren

Milch, Vanilleextrakt und Kardamom in einem kleinen Topf bei mittlerer Hitze zum Kochen bringen, dann den Topf vom Herd nehmen.

Die Eier mit 1 Esslöffel Zucker und der Maisstärke in einer Schüssel zu einer cremig-blassen Masse aufschlagen. Unter dem Rühren allmählich die heiße Milchmischung hineingießen. Alles in einen mit Wasser ausgespülten Topf umfüllen und bei niedriger Hitze rühren, bis die Vanillecreme andickt und am Löffelrücken hängen bleibt. (Wenn Sie den Löffelstiel durch die Masse ziehen, bleibt ein Streifen zurück.) Die Vanillecreme darf nicht kochen. Die Creme durch ein feines Sieb in eine kleine Schüssel abseihen, mit Frischhaltefolie abdecken, damit sich keine Haut bildet. Falls gewünscht, die Vanillecreme vollständig abkühlen lassen, dann für mindestens 2 Stunden im Kühlschrank kalt stellen.

Ananas, Erdbeeren und 1 Teelöffel Zucker in einer Schüssel vermischen. Eine große beschichtete Pfanne bei hoher Hitze erwärmen. Die Früchte darin in 2–3 Minuten leicht karamellisieren, dabei mehrmals wenden. Die karamellisierten Früchte auf Schälchen verteilen und mit den Kürbiskernen bestreuen. Heiß mit der warmen (oder kalten) Vanillecreme servieren.

VERHÄLTNIS (Kohlenhydrate : Eiweiß) = 2:1

PRO PORTION: Kalorien 256 • Eiweiß 15 g • Kohlenhydrate 27 g • Ballaststoffe 3 g • Fett 9 g • gesättigte Fettsäuren 2 g • Natrium 129 mg

Selbst gemachtes Granola

ERGIBT 20 PORTIONEN (30 g pro Portion)

Unser Granola kehrt das typische Getreide-Nuss-Verhältnis um. Die Mischung enthält etwas mehr Eiweiß als fertig gekauftes Knuspermüsli und etwas mehr Fett (allerdings sind dies gesunde, ungesättigte Fettsäuren).

- 140 g Mandeln
- 140 g blanchierte, geröstete Haselnusskerne (Seite 80)
- 65 g ungesalzene, geschälte Kürbiskerne
- 30 g kernige Hafer- oder Gerstenflocken
- 60 g grobe Roggenflocken oder weitere Haferflocken
- 110 g Wildblütenhonig
- 2 Esslöffel heller Rohrohrzucker, z. B. Muscovado-Zucker
- 140 g getrocknete, gesüßte Cranberrys oder Blaubeeren
- 1 Esslöffel Chiasamen

Den Ofen auf 220 °C vorheizen. Ein Backblech mit Backpapier auslegen.

Mandeln, Haselnüsse, Kürbiskerne und Getreideflocken auf dem Backblech ausbreiten und 10 Minuten backen. Dann aus dem Ofen nehmen, mit dem Wildblütenhonig beträufeln und mit dem Zucker bestreuen. Cranberrys sowie Chiasamen untermischen und alles weitere 5 Minuten oder länger backen, bis das Granola leicht gebräunt ist.

Das Knuspermüsli vollständig abkühlen lassen. In einem luftdichten Behälter bei Raumtemperatur lagern.

VERHÄLTNIS (Kohlenhydrate : Eiweiß) = 4:1

PRO PORTION (30 G): Kalorien 150 • Eiweiß 4 g • Kohlenhydrate 15 g • Ballaststoffe 2 g • Fett 8 g • gesättigte Fettsäuren 1 g • Natrium 3 mg

Skyr-Ersatz

ERGIBT ETWA 375 G

Skyr ist seit Jahrtausenden Teil der skandinavischen Ernährung. Nun wird der Rest der Welt auf sein volles Aroma und seine probiotischen Qualitäten aufmerksam. Ähnlich wie Labneh (orientalischer Frischkäse aus Joghurt) können Sie Skyr als eigenständigen Brotaufstrich oder als gewürztes Topping servieren und auch wie Joghurt verwenden. Vielleicht gibt es im Supermarkt echten Skyr; wenn nicht, ist dies ein guter Ersatz.

500 g fettarmer griechischer Joghurt

Ein feinmaschiges Küchensieb mit Käseleinen auslegen und über einer Schüssel einhängen. Den Joghurt hineinlöffeln, das Käseleinen über dem Joghurt einschlagen und über Nacht in den Kühlschrank stellen. Der Skyr-Ersatz sollte so lange halten, wie auf der Joghurtverpackung angegeben.

VERHÄLTNIS (Kohlenhydrate : Eiweiß) = 1:8

PRO PORTION (250 G): Kalorien 200 • Eiweiß 38 g • Kohlenhydrate 5 g • Ballaststoffe 0 g • Fett 2 g • gesättigte Fettsäuren 2 g • Natrium 25 mg

REGISTER

Kursive Seitenzahlen verweisen auf Abbildungen.